謙廬隨筆

日本名醫眼中的民國人物
復刻典藏本

矢原謙吉・原著　蔡登山・主編

【導讀】日本名醫眼中的民國人物／蔡登山

「中醫才子」陳存仁，在診務之餘寫了一本《閱世品人錄：名中醫舊上海見聞錄》，寫的是他的交遊，因為他是名醫交遊自然是廣闊的，如章太炎、劉半農、胡適、杜月笙、秦瘦鷗、陳光甫、董浩雲、張宗昌等人，皆可說是中國現代史上文化界、實業界的重要人物，因此該書自有其史料上的價值。

無獨有偶的，有一日本人矢原謙吉，其家世代為武士，但他則留德習醫。一九二六年學成之後，應山本醫生之聘，到中國北京懸壺濟世。由於他醫術湛深，又宅心仁厚，因此生意門庭若市，聞名遐邇。當時留居北京的達官貴人及其眷屬有病皆求診於他，因此他遍識西北軍、東北軍、晉軍的大員，甚至前清遺老，以至當時冀察政務委員時代的朝野名流。諸如：馮玉祥、張學良、宋哲元、秦德純、曹汝霖、蕭振瀛、韓復榘、潘復、溥心畬、陳寶琛、梅蘭芳、余叔岩、胡適、周作人、傅斯年、何應欽、孔祥熙、王芸生、王正廷、王克敏、王揖唐等人，或為診病，或頗熟稔，或成良友。矢原醫生又精通漢文，喜結交文士，當時著名的報人如張季鸞、張恨水、管翼賢（北京《實報》創辦人，抗戰期間成為「漢奸」）皆成為其好友，平日文酒宴會，彼此上下古今無所不談，尤其這些資深報人口中都有獨家內幕，因此所述政海秘辛、個人往事，都有足堪記載者，矢原醫生就一一將這些所見所聞之故事，筆之於書，藏之於篋中，但並未將之示人。抗戰爆發後，日軍佔領北京即逼矢原離開，並不准在中國行醫。但他個性剛強，不為勢屈，於是移居德國，以示和窮兵黷武之日本絕決。到希特勒上臺後他再遷居美國，二戰時（一說韓戰時）病逝於美國。

矢原醫生的遺著後經其子矢原愉安交給香港《掌故》月刊連載發表。據曾經見過矢原愉安的人說，他懂日、中、英、德文，他的廣博見聞、舉止談吐，也引人入勝。他寫過〈宣統皇帝私生活兩個神秘的角落〉的文章，也寫過〈馮玉祥有沒有偷盜清宮珍寶〉及張勳復辟的文章。而其父的這些札記，初無名稱，刊登時由《掌故》月刊主編岳騫取名為《謙廬隨筆》，後結集成書。

《謙廬隨筆》以掌故筆記體寫成，共八十六則，因作者對軍政界人物最熟稔，尤其與西北軍、二十九軍和冀察政務委員會的高層都有交往，其所記也都親歷親聞者，其史料價值極高。矢原認為馮玉祥偽善多變，欺世盜名，有人說：馮玉祥以作偽為能為樂，故以師事王瑚，蓋王瑚之作偽功夫，爐火純青，馮玉祥所自嘆不如者。假使馮玉祥能學盡王瑚之能事，則馮君臨天下，四海歸心之期，指日可待。因此論者評馮為：「貌似劉備，才如孫權，而志比董卓，運只袁紹耳。」又馮玉祥是西北軍之勤於叛，善於叛與樂於叛者，而「叛者，人恆叛之」，馮部中除宋哲元、劉汝明與劉驥、張之江、李鳴鐘、鹿鍾麟、劉郁芬諸元老外，幾無人不叛馮。而最為馮及其老西北軍所怕者，是石友三，蓋石之善變，喜變，尤勝馮玉祥多多矣。

矢原認為宋哲元為冀察政務委員會委員長，不過似《水滸傳》裏金槍手徐寧、雙鞭呼延灼之流，故當其與日方折衝時，全乏外交手段。事急時，其大將秦德純市長，輒效劉玄德故事，當眾掩面痛哭，使日方嗒然而去。宋哲元避見日方，最常用的藉口，是「虛火上升，耳鳴不已」，因此為他贏得「多愁善病之宋委員長」之稱號。又其母「七十大壽」舉行之慶典，矢原亦恭逢其盛，其豪華奢侈，實為數十年來所罕見者，足可與當年杜月笙建立家祠並稱，有過之而無不及。「堂會」三日，流水千席，壽聯、壽幛之多，幾如山積。其後張恨水告訴矢原說：「此為宣統大婚後，古城中第一大闊事。三日所耗之資，當足敷十萬貧民一月餬口之用也。」而管翼賢更大爆內幕，謂此次花費，各方面人物，均有所「報效」，其「禮金」或十萬或五萬或一萬，而五千以下，一百以上者，更車載斗量，不可計矣。

對於張學良，矢原有他的獨特看法，他認為瀋陽事變後，迄張學良南下之前，外間咸謂張與南京之關係，極為水乳交融，他卻認為未必盡然。他說張雖以養病為名，日臥於北京協和醫院，實則其病房即為變相之「順承王府」，日集謀士，研商大計。以「避嫌」之故，與日人亦不謀面。而日方對其種種行止，亦瞭如指掌。當時在「居留民會」的濱田曾告訴矢原說：「今日張少帥日夕焦慮之問題，並非何日始能重據東北，而為如何始能永鎮北方，不容他人置喙。」矢原認為觀之若干事實，此一判斷確頗中肯。

矢原眼中的孔祥熙是俗不可耐的，雖山西腔英語不絕於口，但其言無味，充其量不過是劉景升（表）之材耳。其妻雖徐娘半老，而濃妝豔抹，舉止若村婦，猶存浪漫之想。矢原說他不解此對賢伉儷，何以竟能於一文明古國，禮義之邦，呼風喚雨，為所欲為，豈浩浩中土真已江郎才盡乎？孔祥熙字庸之，當時任職行政院秘書的黃秋岳曾不減書生狂態地問矢原說：「你知孔財神的字號，出於何典？」矢原無以對，黃秋岳笑曰：「此簡稱也。原文實為『庸人用之』耳。」連用他的人也罵了進去。黃秋岳還罵馮玉祥，因為馮玉祥原名煥章，正是因為他的上代乃是麻將專家與星象專家，預知此公將來必以倒戈叛變起家，有如麻將中之換張易牌，愈換愈好，所以名之為『煥章』，以諧音『換張』之意云。

而軍閥張宗昌的幕僚潘復字「馨航」，用林白水的福建普通話念之，尤如「腎囊」。自認是張宗昌「智囊」的潘復那堪被罵成張胯下的「腎囊」（陰囊），林白水實在是文筆老辣，而潘復「是可忍，孰不可忍」，於是向張宗昌一叨咕，林白水也就送了命。宋哲元入主幽燕之後，潘復見獵心喜，頗欲乘機重登政壇，遂乃日夕奔走奉承於二十九軍之將級人物中。見人則「呵腰示敬」，抱拳拱手，脅肩諂笑，每日大談女人經。久之，「進德社」（宋哲元之「招賢館」）中人，遂賜給他「潘大舅子」之名，潘復又多了一個渾號了，但這次他無法再砍別人的頭了。

又有曾隨徐樹錚的「觀戰代表團」赴歐的何遂，向有「狂狷」之名。有一晚他和矢原痛飲於慶林春，微醺之際，索來紙筆，寫下他對南京各院部的看法：行政院——永不換湯；監察院——北妓秦腔；司法院——湖北同鄉；考試院——戴氏佛堂；立法院——萬國文章；外交部——見日心慌；教育部——孔道方張；財政部——枉法貪贓；軍政部——無餉無槍；交通部——吃盡當光；實業部——錢來何方；內政部——地圖一張；海軍部——睹艦心傷。可謂道盡當年國府的腐敗亂象。

除此而外，矢原認為當時日人侵華有三派：一派主併；一派主吞；一派主滅。而外人每混「併派」與「滅派」為一談，實則誤矣。「併派」當屬松室、石原、土肥原、坂垣，以致於田代之流；而「吞派」多為元老份子；「滅派」純屬少壯軍人與若干新貴，他們喜以雷霆萬鈞之勢，一舉而殲。當「滅派」一朝得勢，則中日關係即不可收拾矣。當時土肥原權焰遮天，但他曲意逢迎反日人士，如張季鸞每一時評出，土肥原必讀完並託人向張致意「某日社論高明，即土肥原亦五體投地」；逢張生日，特地送上張氏老家陝西的特產作賀禮，禮單上署：「晚土肥原」；當時管翼賢亦以反日言行，見稱於華北讀者中，土肥原每伺機緣，竭力籠絡。管妻邵挹芬在大柵欄購買皮貨與衣料，當選購畢要付帳時，帳房會說：「土肥原君已代付，務請夫人與管先生賞臉！」宋哲元母做壽，土肥原送歐洲名瓷、金皮空心桂圓。如此等等，不一而足，其態度之謙恭，手法之綿密，都出人意表。由此可見日人之隱忍的野心。

另外鉤沉史實，澄清辯誣也是《謙廬隨筆》的一個特色。一九三二年九月三日張宗昌魂斷濟南車站，據鄭繼成的自述，是其親手狙殺，矢原卻以翔實的第一手資料推論此案乃韓復榘指使別人所為。他說張宗昌飲彈之際，日人五反田正與鄭繼成飲酒猜拳，未嘗片刻分離。後鄭繼成隨僕回山東省政府（鄭當時為省政府參議）時，又幾在張甦命二小時之後，鄭繼成有報仇之心事實情，但殺手卻不是他。矢原認為張宗昌之返山東訪舊，實遭韓復榘之大忌。確實韓復榘當時想用武力驅逐劉珍年，戰事已部署好，張宗昌恰巧到了，韓復榘可能懷疑張宗昌另有企圖，也不願意他同劉珍年接觸。張宗昌死後十來天，韓、劉兩軍即在昌邑展開大戰，可以看出張宗昌之死，與此不無關係。矢原之推論確非空穴來風。

《謙廬隨筆》所記雖有別於正史，掌故學家瞿兌之認為中國正史與雜史的分途自宋始。他說：「我們讀《史記》、《漢書》，覺得史家敘述一個重要人物，每從一二小節上描寫，使其人之性情好尚甚至於聲音笑貌躍然紙上，即一代興亡大事亦往往從一件事故的發生前後經過著意敘述，使當時參加者之心理與事態之變化都能曲折傳出，而其所產生之結果自然使讀者領會於心。」而宋以後之正史，多是鈔錄些諛墓之文，一傳之中，照例是某某字某某，某處人，某科出身，歷官某職，某事上疏如何，某年卒，著某書，子某某，幾乎成了一種公式，千篇一律，生氣全無。因此瞿兌之大為感嘆地說，這樣的史還能算史嗎？

因此宋以後的史是必須連同家乘野史小說筆記之流一起讀的，唯有如此，事情的曲折隱微，人的性情風格，才能知道多一點。因為許多為正史所不載的事件，常需藉助這些雜書的瑣細零碎的資料來細加鈎稽，這些資料在很多情況下卻是構成重大事件的重要環節，因此它常可以疏通史傳記載之疑難，補正史書之不足。

《謙廬隨筆》所敘全憑所見所聞，又其為外國人所寫，與書中人物既無恩無怨，自是較為客觀。而其文字簡潔，無散漫脫節之病；而涉筆成趣，皆能出以自然。犖犖諸端，略如上述。可為治民國史者，多一種珍貴的材料，雖是如掌故筆記，但描繪的栩栩如生，或許更接近歷史的本原吧。

序言

「謙廬隨筆」初集出版，對掌故月刊而言，是一件値得慶幸的大事，也是一個頗富傳奇性的故事，茲將其中經過，大畧寫出。

本書作者矢原謙吉先生原籍日本，早年留德習醫，學成之後未回日本，即在中國故都北平懸壺濟世。由於醫術湛深，宅心仁厚，所以門庭若市，留居故都達官貴人及其眷屬，有病皆求診於矢原大夫，因此遍識政海紅員、失意官僚，所見所聞，皆近代史料。矢原大夫又精通漢文，喜交文士，故都名流如張季鸞、張恨水、管翼賢皆其好友，平日文酒宴會，上下古今無所不談，所述政海秘辛，勝國舊事，矢原大夫暇時一一筆之於書，日久便成巨帙，然藏之篋中，亦未嘗示人。

矢原大夫久居故都，深受中華文化薰陶，熱愛中國。當時正值九一八事變之後，中歷長城戰役，中國人仇日之情，達於頂點。矢原大夫雖爲日人，而同情中國，已爲日本特務機構所不滿；但在當時，仍然無可如何。迨中日大戰爆發，故都淪陷，日軍佔領北平之後，即逼矢原大夫離開北平，不准在中國行醫。在日本憲兵之意，矢原大夫既不准在日軍佔領之中國各大城市行醫，亦不能去中國後方行醫，無路可去，唯有返日。但矢原大夫個性剛强，不爲勢屈。離開北平居然移居德國，改入德籍，以示與黷武之日本決絕。矢原大夫憑其醫術，在德國懸壺生涯亦不惡。及一九三六年希特勒上台後，與日本勾結，形成侵畧集團，矢原大夫本危邦不居之旨，又遷居美國，二次大戰時病逝美國。

矢原大夫公子愉安君生於美國，二次大戰後隨母返西德重建家園，卜居西柏林。愉安君家學淵源，不惟熱愛中華文化，其漢學造詣之深，不弱於乃翁；某些方面雛風且清於老風，而其生平未嘗一履中土，是眞難能。

愉安君經營商務，經常來往香港，經朋友介紹與區區相識，數次長談之後，發現愉安君對中國近代史功力之深，非中國人可及，由衷佩服，便成良友。迨「掌故月刋」創刋，便請愉安君執筆撰張勛復辟一文，深獲好評。一次偶然閑談，愉安君談起其尊翁有零星筆記，多記近代掌故，現存西柏林，當請其寄來一讀，讀後愛不忍釋，即徵得愉安君同意，在「掌故」發表。此篇係矢原大夫隨手記下，並無篇名，愉安君請代爲撰擬書名，當時以矢原大夫名謙吉，其人又謙謙君子，因定名爲「謙廬隨筆」。一經刋出，譽滿世界，凡「掌故月刋」銷售地區，皆有讀者來信稱道。美國與台北各有幾位近代史權威，來信一致推崇，囑印單行本。但由於能源問題所困擾，遷延至今始出版，頗爲歉仄。

本書之不可及處，尚不在於文字簡潔、敘述翔實，而在於其態度客觀。作者是外國人，又是醫生，與中國軍政人物，無論台上台下皆無恩無怨，全憑所見所聞，據實直書，此在中國人斷難作到，其價值之高自不待言。「掌故月刊」之創辦，用意即在保存現代史料，能有「謙廬隨筆」出版，庶不負同仁創辦「掌故月刊」之志。編者能爲「謙廬隨筆」寫序，本身亦有榮焉。

中華民國六十三年十二月十一日岳騫序於九龍北望樓寓廬

目次

前言

余今老邁矣。播遷至此異國之濱，倏將十載。市井囂塵，擾攘入雲。車馳人奔，機過船鳴，雖欲悠然倚窗高臥，把酒憑欄遠眺，雅興不爲噪音所敗者，不可得也。每念及此，余於燕京舊居之懷戀，益深且劇。獨未省仍有重睹此園之幸否？

憶余一九二六年，自德負笈歸來，猶初生之犢也。遽應山本醫生之聘，懸壺燕京，自少壯以迄六旬，所歷病人，何止數萬？而知友莫逆，亦泰半爲中土人士。徒以戰火驚天，友朋星散，余亦倉促去歐。至是無緣再履我第二故鄉。余雖晚婚，幸獲一子。他年或可繼吾未竟之業，讀我舊書，理我故園，療我老友子孫之疾苦乎？

余雖每年一度，或遊大江南北，或訪名山大川，而留京之時日獨多。積年以還，西北軍、東北軍、晉軍，前清遺老，以至於冀察政務委員會時代之各派人士，朝野名流，如馮玉祥、張學良、宋哲元、鹿鍾麟、秦德純、傅作義、商震、萬福麟、楚溪春、張自忠、馮治安、潘復、張璧、袁良、王克敏、王揖唐、齊燮元、高凌霨、雷嗣尚、林世則、鮑毓麟、管翼賢、張季鸞、胡霖、曹谷冰、王芸生、溥儒、李蘧廬、張恨水、陳寶琛、四大名旦、余叔岩、呂咸、李思浩、孫奐侖、賈景德、徐永昌、丁春膏、曹汝霖、蕭振瀛、溥侊、韓復榘、孫連仲、孫殿英、石友三、龐炳勛、何遂、胡適、周作人、傅斯年、鄭道儒、饒孟任、呂復、何應欽、孔祥熙、陳二庵、張之江、班禪喇嘛、趙守珏、德王、王正廷、劉郁芬、宋良仲、劉汝明、薛篤弼、何其鞏、程克等人……均或爲診病，或頗熟稔，或成良友。每於燈下，回首前塵，歷歷在目，今則或已久不通音問，或已永隔人天。人生如是，可悲也夫。

小病之後，且値心閑，愛援筆以述舊事，雖時作時輟，究可積少成多，所備吾子孫他年重逢我舊雨時，挑燈夜話之資。亦所以示我中土友人，余雖顚沛於萬里之外，仍不敢忘故人也。

一、馮玉祥不善用人

馮玉祥，非吾友也，而與之交往頗繁。其副官長宋良仲，尤為余每週必來之病人。馮雖倡節儉，禁貪污，勵廉明，而宋則財源茂盛，添房進產，廣置側室，馮處之泰然，一若毫無所知者。「宋二太太」為蘇產名妓，某日晝夜雀戰，事為馮妻李德全所聞，立告馮。馮即以「納妓」與「濫賭」兩罪，痛責宋軍棍數十。事後由余為之治療。

可怪者：未幾日馮突下令，以宋升署經理處長，「缺」之優厚，所入之豐，猶在昔日之上。至是，西北軍中求官逐利之徒，頗有望責軍棍者。

「宋二太太」之金蘭姐妹，一為丁春膏夫人，亦即丁寶禎宮保之曾孫媳。另一為前四川督軍陳宧之如夫人，亦即民初北京韓家潭「花王」之一，鼎鼎大名之「魏三姑娘」也。其人其事，亦曾見諸曾樸著之「孽海花」，一時風頭可想而知。

此三夫人均為余之病人，每來輒娓娓告以珍聞或秘辛。當宋良仲被馮下令責軍棍時，宋二太太曾請魏三姑娘，婉懇陳宧代為說項免責。陳大怒曰：

「汝等眞乃婦人之見，不識馮玉祥為何如人。倘我代宋說項，馮必加倍重責之，以示其絕不能為外界所動也，馮之以不近人情為榮，洪憲時我在川已飽積經驗矣。」

蓋陳宧奉袁世凱命督川時，馮爲其麾下一旅長耳。而終於逼陳倉皇出川者，亦馮也。

吾家祖先，世代以武士道自勵，而恥與朝三暮四，背友求榮者爲伍。是故，馮雖於余彬彬有禮，形頗親熱，而余不以之爲友也。

馮妻李德全，爲教會中人，不修飾，御眼鏡，復於腦後束髮，益覺道貌岸然。常以鏤有十字架之文房四寶，上書「光被四表」四字，分贈友好。余亦蒙見賜二三次之多。馮之愛將張之江，亦起而效尤。而其所贈之墨盒、筆架，較李者猶大猶多。據聞：張對宗教之虔誠，已達狂熱程度。當其奉命殺徐樹錚於廊房後，祈禱日繁，三句不離「耶穌」矣。

張之江視爲右臂者，爲張樹聲將軍，其人於幫會中輩份甚高，而矯揉造作，滿口「耶穌」，一如馮、李，毫無江湖豪俠氣概，亦可怪也。一說此乃張在西北軍中自保之道，非如是，不能在馮之榻前，勉爲幫會中之「老頭子」。否則，馮必殺之久矣。

爲媚馮計，此公每收「徒弟」時，必令其同時接受洗禮。故馮、李對之，始終寵信不衰；後且恩寵遠勝張之江矣。

無分晝夜，此公喜御墨鏡，頗增神秘之感。談話時又極慢，且哼且講，極類京劇中之道白。曾以喘症就診於余，並曾兩度奉馮命，邀余至京郊馮處「便酌」曰：「矢大夫——咱們的——馮先生——又想請您老——去吃一頓白菜豆腐——就大饅頭啦——」言時態度嚴肅，而語氣輕薄，頗似眞言，又頗似揶揄，其難測也如此。

二、陳宧留辮終老

何遂為孫岳之愛將，又為北洋系鄂派巨子陳元伯之妹丈。陳識余時，為居士已久，終日布衣敝屐，手持念珠，惟仍甚豪於飲。醉後輒揎袖攘臂，大談其民初與洪憲軼事。一夕，把酒縱談天下風雲人物，陳慨然言曰：「袁世凱、馮玉祥、張作霖，貌似各屬一類，而實質則皆梟雄型之不學有術者也。此三人均以有兵而起家，而言政。惟袁氏善練之，善用之，而不善養之。馮氏，善練而不善用。張氏善保而不善用。」

陳詩文俱佳，晚年頗通卜易與相術，惟輕易不談。臧否人物，亦隻眼獨具。曾謂：「洪憲之敗，固大勢使然，而袁之措置錯誤，亦為重要原因。其犖犖大者，厥為以陳宧督川。陳係狗頭軍師型人物，民國可與其竝論之善於幕後籌策，翻雲覆雨者，惟徐樹錚一人而已。陳之短，在不能爲帥。一出任方面大員，即窘態畢露，進退失据矣。」

陳所最不直於二庵將軍（陳宧）者，厥爲洪憲事平後，隱居北京東四，徒留辮以自娛，儼然遺老，似頗欲令世人信其背袁之故，種因於其對清室之念念不忘也。而世人知者極稀，識者嗤之。某夕，二庵將軍之元配，突患急性胃炎，召余往診。出而欵待者除陳之侄，僅余之熟病人魏三姑娘（陳二太太）而已。俄頃，有人默然穿堂而過，辮髮垂垂，衆皆肅立致敬。魏手指其背影曰：「這就是將軍。」

余至是始信陳之果有辮，惜未如張勳一辮之遐邇聞名也。

三、何遂多才多藝

余前曾偶及何遂，其人其事，足述者頗多。何豪放有才，而不拘小節。故在友儕中有「何三亂子」之稱。未發跡時，頗得妻舅陳元伯之援手，升遷甚速，曾於歐戰時奉北洋政府命，赴歐觀戰，眼界大開，頭腦一新。歸來後，所言所行，頗多驚世駭俗之處。而孫岳獨器重之，亦常戲稱之爲「狂士丘八」。

何對西北軍中人物，頗乏好感，屢謂余曰：「馮有招攬人才之志，而無招攬之量與招攬之術。是故馮帳下文武，泰半非馮型之僞君子，即奴才也。其稍有懷抱者，一俟羽翼長成，立即振翅飛去矣。」

何精於日文，亦能德語。詩畫俱佳，且善以指、舌，或握髮作筆爲畫，眞天才也。長城之戰，何受命組五十五軍，爲軍長。所部多係散兵遊勇，雜以請纓學子，改編而成。而極峰驅之赴敵，一戰於冀熱邊境而潰。赴敵前夕，入伍學生，爭欲親臨火線，何以其全乏訓練，嚴令阻之，學生皆大怨。及兵潰，獨學生隊傷亡最少，得慶生還，又皆德之不已。事後何語余曰：

「余有子女八人，深知育之不易。奈何貪一己能戰之名，而驅此無拳無勇之羣羊，入絕地以搏餓虎乎？」

何又語余：「熱冀前線，與之對陣者，有一聯隊長，爲其留學日本時之同班同學。中國陸遷較易，故已已任上將軍長，而昔日舊雨，仍僅一大佐聯隊長而已。自悉故人近在咫尺後，何驚喜交併，而苦於無緣把臂話舊。爲之悵然者久之。」

余嘗戲問：「倘有緣與該聯隊長再度對陣，亦能想像重逢道故之情景否？」

何笑曰：「倘彼爲我所俘，則我作東。我爲彼所俘，則彼作東。『壽司』亦可，『鐵板燒更佳』」。

余曰：「職責與道義，兼而顧之。君眞一男兒漢也。」

乃相與大笑，浮一大白。

四、吳佩孚自作威福

余得識吳佩孚、段祺瑞、齊燮元、王克敏、曹汝霖、梁鴻志等君，均遠在北洋系退出北京政治舞台之後。

余之得以見吳，緣於其夫人突有瘤狀物，屢治無效。其舊部大員家屬，多爲余之病人，亦有以瘤狀物來診，而獲治愈者。言於吳，遂延余往診，惟事前已約法三章：一、進吳府後，須嚴守進退應對之禮，「玉帥」前不容絲毫放肆。二、處方打針，必先徵得「玉帥」同意，以帥意爲主。三、不得以「診病」之故，與「玉帥」建立應酬往還之關係。

余聆此條件後，不禁啞然失笑，顧其來使曰：「吳大帥其視北京爲當年之洛陽乎？抑或視余爲求職之政客、軍醫耶。君速往歸報：余祖先，世代爲武士，而非市井小人。倘大帥以「市井小人」視天下醫生，即請覓一市井小人可也，何用余爲？」

後一日，吳使復來，陪笑曰：「玉帥謂：平生獨喜有傲骨者。先生之傲骨，今已得知。請不復提昨日之事。」

余既如約至吳處，迓於門者爲其「承啓處長」。庭院內，衞兵侍役亦頗有多人。先至「後花廳」小坐，「承啓處長」入稟。旋又請至「小客廳」待茶。片刻，吳始出，着長袍，加坎肩，戴瓜皮小帽，隨後其所謂「八大處長」，成衆星捧月之勢，一如國家元首，接待外國使節呈遞國書者然。凡此種種排塲，除滿足此帥久經創傷之自尊心外，實無一用，而耗時冗人，猶其餘事。

余於吳夫人診斷後，又被請入「後花廳」小坐。吳詢以「要緊嗎？」余答曰：「不足爲大慮。」

自是，吳遂無片語有關其妻之病，忽問余曰：

「先生爲留德之日人，亦曾涉獵中國孔孟之道，老莊之學乎？」

余愧謝云：「早年亦曾偶及於此，不敢云涉獵也。」

吳回顧其八大處長曰：「論學之士，以濟世爲懷者，不求其基本，孔孟老莊之道，其能通達也幾希。然而，此則夷狄之所以爲夷狄也。」

嘆息後，復問曰：「君爲日籍，亦曾讀吾之近作『滿江紅』詞否？」

余曰：「岳飛之滿江紅，已熟知。玉帥之滿江紅，則孤陋寡聞，尚未拜讀。」

吳立命秘書處長，取繕就之詞一份，以示余曰：「請以示貴國之政要，將帥，文人，志士。則或可促其大夢初醒，懸崖勒馬也。」其詞曰：

「北望滿洲，渤海中風浪大作。想當年，吉江遼瀋，人民安樂。長白山前設藩籬，黑龍江畔列城郭。到而今外寇任縱橫，風塵惡。　甲午役，土地割。甲辰役，主權奪。嘆江山如舊，異族錯落。何時奉命提鋭旅，一戰恢復舊山河。却歸來，重作蓬山遊，唸彌陀。」

聞此詞後更譜成軍歌，即駐防冀察之二十九軍，亦能朗朗唱之也。

五、王克敏胸無主宰

王克敏，目深凹而日夜御墨鏡。每來診疾，神經必甚緊張，惟恐一病，或終身殘廢也。有時，純係神經衰弱，又不甘寂寞，遂而成疾。余屢勸以少嗜寡欲，自必健康。王笑曰：「酒可以不飲，婦人可以合理節制。而雪茄與麻將，則寧斷頭不可缺也。」

實則所謂「合理節制」者，亦不爲外人所深信。新聞界友人語余：「京人均謂，王之所以必御墨鏡者，以斲伐過甚，腎虧之故也。」

王雖精明強幹，且富於冒險之勇氣。惟以余觀之，彼於處理問題時，似少原則，但求解決目前之難而已。即以治病而言。一日彼召我出診，至則頻頻數苦，如精神不振，食慾銳減，神經緊張，失眠頻仍，肢體有時酸痛等等，無一非余所夙諗者。言訖，正色謂余曰：「餘無他，但求能精神大好，胃口開暢，足矣。」

余爲之處方時，切囑再三：暫勿吸烟。

王默然片刻曰：「如何能使身體漸漸復元，而不必全戒烟，足矣。」

余答以彼之健康情況與生活條件而論，速戒烟，則復元亦速。

王作沉思之狀曰：「可否煩先生爲我處方，使我在生活條件不變下，健康情況能維持現狀。可乎？」

頃刻之間，決心三變。其無原則之習慣，可見一斑矣。

六、段祺瑞深居簡出

段祺瑞在津深居簡出，外國人更難見之。而余偶於一意外之場合，與段有一晤之緣。時爲駐屯軍客卿之笠原君，在津逾二十年，其父突發絕症，津門羣醫束手，有向其力荐余往診者。余以笠原君者流，殊非一對政治絕無興趣之醫生，所宜結交者。而一有往還，即難拒之於千里之外，而無謂之煩惱，或亦將至，故以事繁，婉拒其出診之請。

笠原君又煩在津日本醫生二人及在京者一人，致書代爲說項。未幾日，彼且躬自來京面邀。並再三表示：望以其老父之生命爲念。余不得已，乃與之赴津，並於事先約定：當晚必須返京。

其父之症爲惡性胃瘤，發覺太遲，藥物已無靈矣。余處方後，笠原君欲以厚幣相酬，余堅持不可。

笠原君曰：「至津出診，診金自當較厚。」

余對曰：「車費已叨光，診金則按北京出診例，足矣。」

爭執良久，笠原君見余意不可回，遂建議同進晚餐，並邀藝妓作陪。余亦堅拒之。後乃終於同意至著名之「起士林咖啡店」，畧進西點咖啡，然後登車。

「起士林」樓上，向爲「貴賓」盤桓之所。詎於鄰座，突見王克敏與曾毓雋二君。二君邀余等入其「小間」，在座者已有四五人，而余亦於此得晤坐於上席之段祺瑞矣。

尤可驚異者，笠原君與段竟爲舊識。馬廠誓師之時，暫入段幕之青木中將，除幕僚外，曾率隨員數人與俱。而此一夙在天津東奔西跑之笠原君，遂亦得敬陪末座矣。而不期於多年後，復與當年之「總司令」重逢，是亦可謂奇緣也。

段雙目烱烱，鼻梁頗歪。談吐舉止，以余觀之，似勝「吳玉帥」一籌，人皆當面稱之爲「執政」，而其人之排場，則在若有若無之間。吾聞張季鸞云：自退隱後，段之氣量，對外已頗達爐火純青之境，惟於其子則望之既切，責之亦嚴。某日，段與子對奕，子敗，段大怒曰：「奕棋乃雕蟲小技，而汝猶不能出人頭地，眞豚犬耳！」次日，復對奕，子勝，段又大怒曰：「無大志大才如汝者，亦惟有能在消遣功夫上，勝人一籌耳！」

余得晤段時，中日關係已日益惡化。而笠原輩人物之趾高氣揚，少壯派軍人之有我無人，均適足以增反感。故段於「起士林」席上，頗形緘默。對余僅頻憶其留德時之情景而已。於談吐間，余知其對德之好感深厚，崇敬之情，時溢言表。當笠原君述及其父已患惡性胃瘤，行將不治。段顧余口：「德國亦無藥無術，以療此症乎？」

余答曰：「早期發現，尚可動用手術，以求挽救。特效藥則迄今尚付闕如。」

段頹然曰：「倘德醫無術無藥，則眞無望矣。」

余既返京，次口揀出余一向訂閱之「柏林畫刊」數冊，德文醫學雜誌一冊，送王克敏轉交段。不數日，段之謝簡至，文短而意摯，余料段至是始信，余深憐其對德國之懷想，而無意於爲少壯軍人之政治動向，作註解也。

七、張季鸞善謔

是時，余與張季鸞、曹谷冰等過從頗繁。張每來京，必於深夜電約至「都一處」、「沙鍋居」，或「東來順」等名飯莊痛飲。而張尤喜携余及一二友人，涉足於其所最欣賞之韓家潭。是時也，張有紅袖爲枕，間亦畧以阿芙蓉助興，而其談鋒遂愈晚愈健。余嘗婉勸其保重之道，首先與吞雲吐霧絕緣。張聞語輒顧左右而言他，曰：「阿芙蓉亦如老七，余僅爲逢場作戲耳。」

老七者，一雛妓也，常爲楚楚依人之態，張甚嬖之。時或非有老七在，不歡。亦時或興來，於老七處伏案揮毫，頃刻千言，以爲大公報「社評」之用。張雖爲文犀利，筆掃千軍，而談吐則甚詼諧。中國政要名流，學人軍閥之秘聞軼事，一杯在手，娓娓而談，繪影繪聲，使聽者樂而忘倦，每見老七倚其臂昏然入睡，而座上客神采飛揚，張亦談久不疲，不知東方之白矣。

是時大公報爲北方第一大報，而於社評方面，尤能執輿論界之牛耳。惟讀張氏社評，而不識張氏於笑談中者，定以其人爲一不苟言笑之大師，實則張亦與張恨水同，恃才使氣，玩世不恭。倘遇彼所不屑之人與不懌之事，則舌利如刀，尖刻入骨。彼於南京中央政府人物，除蔣、汪外，均極少好評。而尤以蔣氏夾袋人物及裙帶倖傑爲最。

猶憶彼於大談劉峙的季常癖之餘，常謂：「中央軍之有『峙』者，猶人之有痔也。」

何應欽君，亦爲張所不屑，何梅協定，輿論譁然。張告余曰：「此何應欽之所以爲『何應輕』也。」

八、張恨水頭大酒量洪

張恨水，皖人，而其「北京氣派」似較京人猶甚。文才卓越，開朗豪放。頭大如斗，聲如洪鐘，余嘗戲謂之曰：「君身後當以頭骨捐贈博物館，令人類學家，核計君腦海之容量，使世人皆知巨腦之人，非僅屠格涅夫、拿破崙與列寧三人而已也。」

二張相與出遊時，輒爲余自卑感最盛之會。或議論，或笑謔，或關白，渠等多引詩詞以爲之，或引四六文一句。而粗通漢語如余者，遂瞠目不解所聞矣。

猶憶一日黃昏，二張與余偕訪福開森。此君爲美人，而漢化之程度，較德醫克利大夫與余尤甚。善「京白」，與遺老宗室過從最密，更爲溥儒之至友。

是時，已有西人男女多人在座，談片刻辭出。張恨水於門外顧張季鸞曰：「盍往訪老七乎？此輩西方佳麗，見之徒增『西望長安』之感。惟其『玉鈎斜』尚差强人意耳。」

乃相與大笑，余獨不解何謂「西望長安」，何謂「玉鈎斜」。再三請教，二張云：

「必在老七處，今晚作一『花頭』，始可洩露天機。」

「花頭」者，設宴雀戰於娼家之謂也，二十元左右足矣。作「花頭」後，余始得悉：「西望長安」者，不見佳也。「玉鈎斜」曲線美也。

二張雖精通古文，而於冬烘學究所視爲至寶之千字文，百家姓，三字經，則厭之若糞土。時，紈袴子弟多不法者，北京一報，爲文評之，而以三字經中「養不教，父之過」爲題。二張見而哂之。張季鸞忽謂余等曰：「讀此標題，使我得一聯矣。上聯曰：『父之過』，你們能對下聯否？」

有人對曰：「子不語」，張季鸞搖首曰：「欠妥，欠工；實未如『媽的×』之恰當也。」其謔也如此。

張恨水喜作雀戰，所著之連載小說，爲當時報紙上最受歡迎之讀物，雅俗共賞，讀者如雲。每於雀戰正忙時，報紙派專人索稿，排字房與機器房，亦坐以待之。是時也，張君立即在牌桌邊之茶几上，文不加點，一揮而就。有時且雜以詩詞數首皆不假思索，神來之筆也。

張恨水與張季鸞不同，毫無政治色彩與政治偏向，故所稔之軍人與政客特多，余之能識大批西北軍、晉軍、東北軍將領者，半由於診病而來；半由於張與管翼賢所介紹。

管時為北京小實報社長，該報之銷路為北方之冠，而北京城內亦幾無人不知有管翼賢其人者。張與余每週恒有二三度盤桓小飲，每屆週末或週始，管亦施施然前來參加。既飲且談，誠可樂也。

是時，余尚未婚。張雖已有畫眉之樂，而外渡之夕，每多於居宿之夜，而琴瑟之諧不為之少衰。管妻邵挹芬，亦深明大義，以事為懷，不斤斤較量於管之「戶外活動」。故我三人，亦常為秉燭之遊也。時或張爛醉如泥，余亦醺醺然，而管則以所飲甚少，神志獨清。遂由余駕車，由管指點方向與道路，驅車回寓。途中張醉臥於車後，朗聲吟哦，引吭高歌。余所駕之車，亦忽左忽右，馳馳停停。幸當時在京，未有如歐美之「司機執照」者。有車可開，能勉強操縱，即為合格之司機，餘事無人過問也。

九、萬福麟「大醬」之材

張於當時之總師千者，頗乏敬意，常謂余曰：「當今無大將，惟有無數『大醬』耳。」

如向稱關外「宿將」之五十三軍軍長萬福麟，即為此種「大醬」之一。萬一表堂堂，鞍上雄姿，確屬氣象萬千。日軍以輕騎兵百餘為前導，進入熱河，直廹承德時，省主席湯玉麟以全部軍用汽車二百輛，滿載其私人財寶箱櫃，棄城而遁。晝夜行數百里，使關東軍之氣焰益高，慾望愈大，且於電台廣播中，大加揶揄曰：「湯玉麟用兵神速，實爲天下之冠。當其退往華北之際，我軍雖用騎兵，加鞭尾追其後，惜亦未能追及。」

至是原在熱冀邊境第二線佈防之五十三軍，遂獨任前敵矣。據管翼賢語余：當萬驅軍赴敵之際，曾集合全軍官佐及精銳部隊，訓話於廣大平原之上。

於時，萬軍長戎裝立馬，八面威風。不圖忽有日軍偵察機一架，凌空而來，且向地面俯衝數次，進行「低空偵察」。是時也萬軍長心胆俱裂，不覺墜馬。官兵見狀大亂，東奔西竄，爲之久久不能成列。日機去後，馬弁扶萬上馬，神色始定。乃向部衆自解曰：「適間非墜馬也。我只欲示爾等於空襲時，如何迅速隱蔽耳。」

後，萬軍畧戰即潰，雖要隘如長城之喜峰口者，亦不能守。而二十九軍宋哲元部之趙登禹旅，適於此時趕到，以跑步搶上山頭。路遇鼠竄而下之萬福麟軍。萬軍問來者曰：「你係何部？何乃太痴，前往送死？」

趙部答曰：「我二十九軍也。」

萬部嗤之以鼻曰：「雖九十九軍亦無濟於事也！況你二十九軍乎？」

趙部抵山頭時，日軍亦至。雙方近在咫尺，最利白刃衝殺。二十九軍仍有西北軍傳統，每兵均背有所謂「雙手帶」之長刀一柄。至是，趙登禹乃發令衝鋒，以長刀作肉搏之用。日軍猝不及防，倉卒敗退。至是，二十九軍之「大刀隊」，遂一戰成名。

「大刀隊」既聲名大噪。於是，一時各軍爭先仿購，長刀之需要大增。古城內之鐵匠店，遂亦日夜趕製長刀矣。小報更載劉伯溫遺留之「燒餅歌」中兩句云：「手執鋼刀九十九，殺盡胡兒方罷手。」以證萬事俱由天定，大刀隊一出，國家從此無恙矣。

十、馮玉祥害死樊鍾秀

是時之名軍人中，「大醬」型者實在不少。張恨水云：值中原大戰方酣之際，中央軍以飛機助戰，馮軍樊鍾秀部，首次見飛機俯衝投彈，驚恐萬狀，軍心爲之動搖。馮乃集中訓話曰：「空中之飛機與烏鴉，孰多？」

皆曰：「烏鴉多。」

馮曰：「信然。然則烏鴉便溺時，亦曾着於你們之頭頂乎？」

皆曰：「未。」

馮曰：「信然。然則飛機投彈時，其能命中於你們之機會，當更稀矣。」

衆皆曰諾，歡呼鼓舞而去。次日，於赴敵途中，又逢中央軍飛機凌空轟炸。樊及所部均惑於馮日前之言，不屑稍爲之避。彈落人羣，血肉橫飛，死傷過半，而樊以總司令之尊，亦成機下之鬼。

長城各口，血戰方殷時，日機曾數度逼近古城。人心惶惶，咸以「防空」爲念。而突有向當局獻策者：廣集風箏，滿佈天空，使日機來時，目爲之眩，不能看清目標，甚至箏下之線，亦可纏住機上引擎，使其發生故障。言者鑿鑿，竟亦有信之者，一二報紙且大肆鋪張其效果。

時，又有提倡以爆竹補助高射炮之不足者。日機一來，即向空發射炮仗以禦之，既省高射炮，又能混淆機師耳目。允稱一舉兩得。京中小報報導此一發明之次日，即有專家公開發表談話，指斥該議者譁衆取寵，異想天開，以國事爲兒戲。

十一　義賊李三

是時也，古城中又有所謂「義賊」燕子李三者，四出活動，軍警爲之束手。人謂李其人能飛簷走壁，如履平地，故有「燕子」之名。其人豪俠疏財，每喜刼富濟貧。後以醉臥娼寮時，爲鴇兒所賣，遂爲偵緝隊捕去，而竟引起公憤。偵緝隊長馬玉林，遂成唾罵之對象，卒至不得不招待記者宣佈：燕子李三，當受特別優待，絕無受刑上鐐之事。

爲證明起見，更於押赴監牢，公開起解，供人旁觀，並爲李三特置新衣一套，頭插紙製之小白燕一隻，以示殊寵，民憤始平。

詎此一偵緝隊長眞小人也。爲防李三再度越獄，彼竟秘密下令將李之足脛斬斷，使其無法行動。管翼賢語余時，李已殘疾廢逾半載矣。一日，馬以腸疾，來余處就醫。余以不値其爲人，且不欲取其診金，沾汚吾手，乃托詞不與相見，囑護士轉告渠「另請高明」。

十二、「現世報」與「眼前報」

塘沽協定前後，何應欽，黃郛等相繼抵古城，主持劃地議和事。此際，余於交際場合，與何晤面之機會頗繁。尤以何爲其同鄉貴州丁春膏氏，邀至北京西城太平橋「礪園」中，赴所謂豆花宴時，同席幾達五六小時之久。觀其辭色，察其舉止，亦以此次最爲直接，最爲親切。

丁爲前四川總督丁寶楨之曾孫，時任中法儲蓄會副理事長。中法儲蓄會者，南京中央政府進行金融改革前，嘗與萬國儲蓄會並立爭雄，改革後始被南京改組爲中央銀行信託局。丁在任時，業務蒸蒸日上，絕無衰敗之徵。殆後爲當道排擠，問題日多。除理事長李思浩另被安排外，丁氏亦被任爲華北烟酒稅總局局長，與余往還，較前更密。

丁宅「宮保家風」，頗異凡俗。每宴貴賓必以貴州最平民化之「豆花」爲一席之主菜，然後佐以家傳之「宮保鷄」。

丁宅花園，有亭台閣榭之美，假山曲徑小橋流水之勝。每當百花盛開，噴水池畔綠草如茵，茅亭內石几石凳，古氣盎然，置身其間，更增如入畫圖之感。此園大於吾家二倍有餘，而林之幽雅，復遠過之。是故，亦詩人墨客集會吟哦之地也。

余嘗謂：中國世家子弟，要可別之爲三型。曰惡少型，曰報應型，曰書香型。吾友丁君，君子人也，「書香型」確可當之無愧。相識者中，幾亦人同此心。平居之日，丁宅「座上客常滿，樽中酒不空」，誠非虛言。而在座者，頗鮮銅臭之士，炙手可熱之人，泰半屬斯文一脈，間亦有玩世不恭者。何遂、張恨水、陳元伯、福開森、方石珊、孔伯華與余，幾均每週必到。

猶憶一夕，丁府招宴。適張季鸞與管翼賢亦在座。張與張恨水，頗於當時世家子弟不滿，稱之爲「害羣之馬」，二張與丁君交素篤，乃笑而問之曰：

「宮保後人，以爲如何？」

丁君起而遜謝曰：「輿論權威，一語破的。從來批評紈袴子弟，未有痛快若是者，當浮一白。」

管翼賢君，時爲實報社長，亦與丁甚稔，乃更以笑話一則，公諸同好曰：世家子弟既飽受社會攻擊，嘲爲繡花枕頭，遂集議自辦日報，專爲紈袴子弟鼓吹。歘既齊矣，社址已得矣，而報名仍付缺如。有世家子弟言於衆曰：新聞迅速，爲報紙成功之關鍵。我報之名，必標榜「新聞迅速之程度」不可。衆皆曰諾。

旋有紈袴子建議曰：我報曷以「現世報」爲名，以兆其新聞報導之速乎？另一世家子弟，忽大呼曰：我已尋得更恰當之報名矣。曷即名之爲「眼前報」乎？語甫盡，滿座噴飯。

十三、何應欽懼內成癖

丁君宴何應欽之夕，曾應何君之請，簡邀何之妻舅王伯羣，以及滯留古城之三大名旦：程豔秋，尙小雲，荀慧生與之同席。何以如此？則非我所知。外人中，除余外，尙有美人福開森，協和醫院名德醫克利大夫等。客人之成份既如一「拌冷盤」，席間自無人一語片言涉及政治。

何君爲一雍容之軍人，頗有大將風度，人亦和靄。或謂其素有季常癖，家中事事無大小，悉賴夫人一言決之。久而成性，於公事亦然。萬事只秉承上峰決定而已。據新聞界友人語余：何在南京外號之一，爲「全國怕老婆會會長」。關於其「內閫森嚴」之傳說，幾可與明將戚繼光相媲美。

猶憶席間，何君曾頻頻以循環系統與婦科症，下問克利大夫與余。並慨嘆南京之大，而頗乏爲人信賴之外籍醫生。每有疑難之病，必須赴滬求診。即在中醫方面，古城之大名醫有孔伯華、施今墨、蕭龍友，而南京只有一張簡齋而已。言次頗致惋惜。且戲語克利大夫曰：「先生日後退休，盍不於返國之前，先往南京懸壺數年，濟世救人？目前之南京，貴國專家學者，頗不乏人，當不致感客中孤寂也。」

克利大夫醫術極精，而人屬木訥之流，白髮蒼然，爲座中春秋最高者。聞何言，未仰視遜謝，亦未停箸寒暄，僅答曰：「且看將來，一切都視上帝如何安排耳。」

十四、克利大夫術精心慈

克利大夫較余年長，又爲醫學前輩，與余之關係極爲融洽，而在師友之間。其人淡泊爲懷，絕不干涉政治。北洋時代及嗣後在古城開府之封疆大吏，幾無一非其病人。而克利大夫從不自動與之往還應酬，亦從不代人說項陳情。而一旦有人失敗下野，命在須臾時，但求克利大夫，無不盡力而爲。余頗受其薰陶，嘗於北京數度易手時，受彼之託，代匿政界人物於家中數日，蓋彼已盡量收容，家中滿坑滿谷也。事過別去；余猶不知此輩中泰半之眞名實姓也。

猶憶閒談時，余嘗微以匿人似易沾牽涉政治之嫌爲慮。而克利大夫慨然對曰：「此何慮之有？匿人於難中，譬如給溺者以援手。唯求救人耳，何必先問明：『你爲鷄鳴狗盜耶？抑正人君子耶？』天網恢恢，眞正惡貫滿盈者，自難免上帝之懲罰也。」是時，余來古城猶未及一年，聞而大慚，立改容謝之。自是，難中匿人不再稍有遲疑顧慮矣。

十五、日人在京皂白難分

瀋陽事件，上海之戰，以迄長城之戰，此一漫長之期間，厥爲余在古城處境較難之時。友輩雖仍往來如昔，不稍迴避。而陌生者則頗不諒解：何以中日交惡，而日籍醫生尚留華不去　診病如昔？

余家大門，每有人乘夜以粉筆大書：「殺盡倭奴」。或：「食爾肉，剝爾皮，方消我等心頭之恨。」

某日晨，啓大門時，方知夜來有人以自製之封條二紙，交叉貼於門上。行人觀者如堵，以爲診所確遭封閉也。

後者有青年學子，來診所門前，對余之僕役司機曰：「外人在華者，無一非坐探，而猶以日人爲然。奈何爲敵人坐探作下走？」

幸余之護士、藥師、僕役、司機等，均對余了解頗深，未爲所動，且有私勸余赴津或赴滬暫避者。是時，陌生病人電邀出診者突多，日必多宗。余之護士、司機與傳達，均諫余勿輕往，恐蹈險地。余曰：「醫生倘奉病人急召，雖赴湯蹈火亦須勉力爲之。此爲醫生職責，亦爲醫生道德，斷無忽視之理！況余問心無愧，政局如何變動，又何有於我哉？」卒前往，而亦無事。惟有時按址驅車，遍覓不得，至則或爲空屋，或爲戲院，或在「義地」之亂墳崗耳。

十六、商震虛有其表

其時，三十二軍軍長商震，亦率部戰於冷口。商之儀表不凡，談吐間舌燦蓮花，而於官兵之運動表演與軍容，極其注意，惟戰鬪力則遠在當時之中央部隊，西北部隊之下，僅較善走善遁之五十三軍萬福麟部畧勝一籌。冷口未發生戰爭時，商氏頻在前線發表與陣地共存亡之談話。開火後，要隘失守之速，使古城大震。一時，輿論譁然，有小報副刊懸賞徵聯，以詠時事。上聯曰：「大刀宋明軒」獲獎者二人，一對以：「小膽萬福麟。」另一則對以：「長腿商啓字。」

商於新陣地中復向新聞界自解曰：「致敗之由，在我軍缺乏鋼盔耳。」報紙披露其言，一時舉城若狂，募捐者比比皆是，熱情動人。惜乏通人主其事，以至於泰半「鋼盔」，均在街頭巷尾之「鐵匠舖」，趕製而成，狀如鋼盔，而又實非鋼盔，僅係鐵帽而已。余診所左近，有小學生數人，雨中勸募。全身濕透，而不稍走避。余心爲之淒然，遂命女僕烹熱可可一大皿，邀渠等人入屋飲之驅寒，以免感冒。而此數童以余診所爲日人處之故，峻拒之。余不得已，取雨傘三具，命司機與之，再三聲明係華人司機與僕役之私產，暫借遮雨，無碍國體，始勉強受之。其愛國自重之精神，實足起敬。而余之傭役等，以余對彼邦禦侮愛國者，確無惡感，均爲之欣奮。

十七、人皆愛其國

一日，司機於出診時懇余預支薪二三元，余戲問其用途，蓋以爲彼必爲其女友購衣物也。殊渠之回答，大出余意料之外。曰：「二十五師師長關麟徵，刻正養傷於協和醫院，前往犒勞慰問者如織。我欲捐二三元慰問金，以盡棉薄。」

余給以五元幣一紙，渠果於街邊一「捐款棚」中，慨捐三元。歸後，聞而效尤者有護士、傳達與園丁，余均一一與之。

後，余司機與一日商小林君之司機，偶及此事，復傳入小林君之耳。小林與余頗善，惟於政治，未肯時時處身事外。既聞之，大詫，立電余曰：「此事確否？」

余曰：「然。」

小林曰：「然則胡爲乎任渠等爲此？」

余曰：「人皆有國。我雖爲渠等之主，亦無由強之不愛其國也。此理甚明：蓋吾懸壺謀生於此邦，而此邦中人食我衣我，亦未嘗強吾不愛我之故國也。」

小林聞此語，默然久之，始徐徐曰：「倘我非君之老友，定當目君爲『反日份子』矣。第小人所在皆有，難免讒言取寵，君宜好自爲之。」

十八、宋哲元之智囊

宋明軒之拜命爲冀察政務委員會委員長也，華北政局遂呈急轉直下之象。所出現之各種人物現象與官場風氣，頗令人憶及北洋軍閥時代。當年被通緝者，隱居東交民巷者，以及夙爲人詬爲蟊賊者，均源源上市，善價而沽，報章上又充滿此輩之名矣。

宋於冀察兩省，儼然有「上方寶劍」之權，視帷幄上奏之殊遇，猶有過之。故羣小咸稱之爲「華北王」。余以因緣時會，與此王頗稔。

宋當此重任時，其惟一要務，厥爲與日方就地周旋。時人多以天津市長蕭振瀛爲其智囊之首，實則誤矣！以余所知，眞正居幕後爲宋劃策者，實係故都之財政局長林世則，河北官產局長常小川，河北省政府一度之秘書鄭道儒三人而已。

此三人者，均籍隸天津，並皆爲留日學生。鄭道儒且於留日後渡美深造。宋明軒雖僥倖於喜峰口一戰成名，而以德日軍人之水準衡之，充其量一聯隊長之材耳，而竟膺重任，獨當方面，綜纜兩省軍政於一身。宋亦自知力未能逮，故竭全力提拔留日者，陰爲己之助。

當時，如殷同、陳中孚、殷汝耕之流，亦與蕭振瀛齊名，被公認爲宋之智囊團人物。其實，宋對之顧而不問，問而不聽。眞正參與決策者，除秦德純外，非林、常、鄭三人莫屬。詩人氣質之故都社會局長雷嗣尚，倜儻風流，號稱爲西北軍中之「湖南才子」，亦偶預其事。惟雷興趣殊不在政治，雖多奇計，亦難免時涉怪誕，故宋亦未能對之言聽計從。

十九、林世則識大體

林、雷、常、鄭，均常倩余治療，故咸與往來頗久，而尤以與林最爲相投。林於機智過人中，猶不失義氣，較常鄭二人之但以狡詐見長，品格高之遠矣。林之妻，爲旗人一王公之幼女，人皆呼之爲「格格」，賢淑過人，多愁善感，屢以婚久無後爲憂，常向余涕泣求助。蓋林事母至孝，而林母日以「無後」嘵嘵於人前，屢勸林納妾，而林以風度典雅，談吐悅人之故，女友蓋已遍京華矣。林母且逼格格歸寧天津形同放逐，伉儷之情更疏。格格之乾姐妹，爲余至友丁春膏之妻，屢告其事於余。

余乃告林曰：「不孕之責，或在君，盍前往協和醫院一查乎？」林推諉久久，而卒來余處，倩余一視。事畢，余告之曰：「君負尊夫人矣。當投之以藥，二三月後，或有可爲。」

三月後，林果去津，迎格格歸。而余亦忘其事。次年，林啣宋命，南下小遊一週，於截留華北稅收一事，與財孔有所商洽。丁春膏伉儷忽召余夜宴，至則並無他客，而格格則盛裝抱一雛出，拜謝於余前曰：「非大夫，無今日矣。」

此子酷肖其父，故林愛之特甚，對格格亦感情大增，一家樂融融矣。所奇者，林竟以「格格」二字，爲其乳名。母子同名，一爲綽號，一爲乳名，誠不可多見者也。

林字叔言，頭腦極清晰，惟乏強項之志，故能極得宋明軒之信任。而林於劃策時，猶能時時不忘以彌補兩國人間舊存之友誼爲懷，實較常鄭二人之但以「宋明公出處如何」爲念，裨益於大事多矣。

以余所聞，常鄭屢於宋明軒前，諷其寧爲趙匡胤，勿爲曾國藩。而蕭振瀛復逞其滿腹「三國水滸征東征西」之知識，力勸宋學劉備借趙雲故事，挾日本以自重，再進而席捲中原。林於丁春膏家夜談時，曾隱以此爲憂。丁乃勸其厚結李筱帆，陰藉李之助，以使常鄭稍稍自大處着眼。

二十、李筱帆怒打蕭振瀛

李爲馮得志於京津前，華北秘密工作之眞正負責人，而對外則僅負一高級顧問之閑曹名義。西北軍中宿將如張之江、李鳴鐘、劉郁芬、以至於鹿鍾麟，均畏其對馮發言力之高，以及其對西北軍中人物所悉陰私太多。馮遇之亦甚厚，惟吝給名義，藉以掩蔽李之眞正使命。宿將既憚之，宋哲元、秦德純、門致中、龐炳勛、石友三之流，更毋論矣。馮失勢後，李蟄居故都，門前雖稀車馬，亦少交際，而給養不缺。偶或向宋秦爲人說項，亦靡不有效。

常鄭二人，於秘密工作時代，均曾爲其部卒，陰私亦多爲其所悉。李又與實報之管翼賢以及新北平報社長某，京報女社長湯修慧，均爲故交。故常鄭雖於得意時，亦頗憚之，各贈以「乾薪」奉養之，見之則言談維謹，並不敢過示得意之狀。

李爲河北人，口若懸河，性烈如火，而怒時頗不久。宋明軒爲母做壽時，「暖壽日」，藉酒而於人前以手批蕭振瀛之頰者，即此公也。時，蕭於馬掛外懸一大紅條曰「總招待」，得意洋洋，到處周旋。

有張璧者，逢迎之曰：「仙閣眞幹才也，於日理萬幾之餘，猶能爲委員長老太太綜理慶典，才力過人，誠不可及。」

蕭亦躊躇滿志曰：「管膩了國家大事，換兩三天胃口，管管別的，也挺有意思。」維時，室內在座者，除張璧外，尚有李筱帆、潘毓桂、林叔言、丁春膏、楊天受、何其鞏、鄭大章等數人。潘亦聞風響應，對蕭諛媚有加，而蕭更得意，復以京劇之老生腔調曰：「人人都以爲辦國家大事有意思，其實，這國家大事麽，也難辦得緊啊！」

在座者，除張、潘外，均頗感蕭小人得意，大言失儀。而李已突摑蕭一掌，喃喃以土話咒之曰：「國家大事，國家大事！國家大事就是讓你這個兎崽子給弄壞了！」言畢又欲摑之。舉座大驚，爭相力阻。

蕭初亦面色大變，旋復佯笑曰：「帆老醉了，帆老醉了，老哥兒們請我吃個鍋貼，我也不在乎。」

且言且走，狼狽而去。後一二年，於會議席上，復有張自忠批其頰之事。是日，管翼賢來告余曰：「我爲此新聞，得一好標題矣，文曰：『蕭市長連吃鍋貼，而面不改色！』」嗣後，林叔言告余曰：李筱帆果告鄭、常曰：「你們二位老弟，要慫恿宋明軒當皇帝都行，就是別慫恿他當石敬塘那種漢奸皇帝。要不然，你們就不怕生下孩子來，老天爺不讓他們有屁眼嗎？」

自是，鄭、常果稍稍易其論調，可見李筱帆雖已成一無牙之虎，而其餘威猶在也。

二十一、宋哲元「多愁善病」

余與宋明軒之往還，實出於鄭、常之推薦。蓋宋之爲將，不過梁山泊金槍手徐寧、雙鞭呼延灼之流，僅恃其頗具規模之大刀隊，潮湧拚命而已。即或使之爲帥，亦難在盧俊義、李應諸員外人物之上。故當其與日方折衝時，全乏外交手段。事急時，其大將秦德純市長，輒效劉玄德故事，當衆掩面痛哭，使日方嗒然而去，問題唯有懸而不決。宋本人則避見日方，除「返籍掃墓」，「赴保出巡」以外，最常用之藉口，厥爲「虛火上升，耳鳴不已」八字。

久而久之，日方且譏之爲：「多愁善病之宋委員長」。於是，其常、鄭二智囊遂建議：倩余爲之診療，而以余之處方箋出示日方。

診查後，余以其血壓果有失調之象，投以藥物數事。不久後，林叔言告余曰：「凡此名貴藥物，宋皆棄置之，未嘗一沾唇也。」

宋旣風雲際會，乃遣人返山東樂陵，遷葬其父。一時，權貴專程前往執紼者，途爲之塞，路局竟加開專車數列，以應急需。凡與葬之奠，或饋有奠儀者，宋均答贈以自江西景德鎮「御窰」訂製之飯碗一對。此碗瓷薄如紙，白潤可喜，上書「孝思不匱」四字，且有年月與山東樂陵某某堂之字樣。

熱心官場者，多以得此一碗爲榮，甚至有出高價求購者。管翼賢告余曰：且有三四流之官僚，携此碗以赴宴席者，藉以傲示羣倫，自高身份，誠可哂矣。

遷葬之日，余亦遣僕致送花圈輓詞，得碗一對。余遂交廚房用之。一日，蕭仙閣來，遂巡室中片刻訝然曰：那些人眞不會辦事，連紀念碗都沒有送到大夫府上來，簡直是替明軒得罪朋友！

余笑謝之曰：「已拜領一對久矣，惟我之辦公桌與藥櫃，均滿坑滿谷，故未能置之於此室，使人能見之也。」

而蕭猶喃喃，連呼「辦得不對，得罪朋友」不已。當晚，即有專差執蕭之名片，送十二碗至。余雖厚給其僕，並致短簡以謝，而雅不欲以此碗供宴客之用。余非利祿之徒，奈何以利祿之徒視我？我既不需此碗以光門楣，何必視若拱璧如蕭所望乎？乃自留其一，以資紀念，而以其餘，分贈診所職工與家中僕役。每日家中僕役用餐時，舉座八九人皆用此碗。倘有四五流之官場人物見此，勢必為余「暴殄天物」所驚倒氣倒矣。

二十二、矢原大夫是非分明

邇後，中日關係日惡，余之處境亦愈難。日本領事館中有人以余孤身異國，毫無眷屬，常慮余為華人朋友及僱傭所包圍，對時局看法不與當道相同。乃常諷以「安全為上，遷地為良」。居留民會中亦有人以余未將餘暇大部份用為與日僑交往，或在日本俱樂部中盤桓之用，而頗以為異。

至於身份不明之官方人物，時時投余以懷疑之眼光者，更不乏人矣。余日處於此複雜之環境中，實深以爲苦。惟一生事業均在斯土，而彼邦友人待我不薄，何能遽然捨去，從頭另起爐灶乎？

最奇者，當時駐屯軍高級官員及其家屬，均對余醫術之信任，較對軍醫爲堅，故泰半均倩余爲之療疾，即遇調職，亦必諄諄介之於後來者。此輩雖奉行弱肉強食之政治，態度亦多傲岸，而心地則遠不如他界人士之彎曲難測。

余雖屢爲此輩以「婦人之仁」，「庸碌無天下志」之評見譏，而以余家，世代爲武士之故，無人擅以「不妥份子」視余，且每於官場酬應間，爲余片言解紛。故以懷疑眼光歧視余者，亦惟有適可而止而已。

而此時亦常有華籍青年學生，以診疾爲名，於候診時，與余之職工攀談，勸其勿爲日人工作。余之藥劑師與傳達，即因是故，自動引去。而未幾更有施厨子之事。

二十三、長谷川豁達詼諧

施厨，名德全，嘗在名菜館「明湖春」中執炊事。以耿介不容於人，有人輾轉荐之於余。其烹飪之術，果爲余夙來所不常見者，乃以高於「明湖春」之薪給聘之。

施君先世，爲「大刀王五」之左右。故施於守正不阿之外，尤以忠義爲重。所到之處，正氣隨之。余家男女僱工凡九人，資格皆較施爲老，而人人憚之敬之。月明之夜，常見施集僱人於月下，暢談「大刀王五」與八國聯軍事蹟，余亦聽之。

時有長谷川教授者來華渡假，訪余道故。教授爲余留德時之學長，人極開明，政見上亦未能從俗，故在日頗爲鬱鬱，不得當道之喜。來此後亦形落落寡歡，惟與余偕由萬壽山、八大處、三海，且遊且談，極爲歡洽。行前，余簡邀來舍，爲之餞別。施厨忽又詢問：「此長谷川君，係貴賓乎？」

余未假思索曰然，並囑其酒饌必力求豐美。施厨諾諾而退。

是晚，同宴者尚有余友管翼賢，李遽廬，名醫方石珊、孔伯華等六七人。菜極鮮美可口。長谷川夫婦嗜之如命，所食尤多。

夜半，余於夢中突感不適，吐瀉交加，幾不能支。翌日，頭昏腦脹，身軟如棉，亦未能送別長谷川於車站矣。遂倩一傭人前往。移時回報：去遲一步，晨車已開出矣。是日，余未進滴米，惟昏睡而已。黃昏突接長谷川電話，聲亦孱弱，告余以夜來不適，吐瀉交加，延醫急診，始少濟，而疲弱如死，不克成行矣。

余疑竇大起，立召施厨子。女傭告余曰：「施厨言，其家突有人重病，亟須省視。三日後當返此銷假也。」

從此，施厨即杳若黃鶴，余雖頗疑其有下毒之嫌，惟雅不欲爲別有用心者所利用，故意張大其事，造成緊張之新藉口。亦不欲揚諸報端，一行醫者居然中毒如是之易。是故余乃隱而不言，亦未倩人去其家中追究。

一週後，長谷川夫婦康復就道，余餞之於「擷英番菜館」，笑談其事。長谷川固極豁達之人，深然余言，且作詼諧語曰：「以日本軍部當道目前迫害中國之烈，身爲愛國華人者，不下毒於日人之食物中，下毒於何人之食物中乎？」

事過既久，余曾戲詢管翼賢曰：在座之華人，既亦吐瀉不止，何乃無人報警？或來向余訴苦乎？皆笑曰：君非華人，不識華人思路：打狗須看主面，一與尊厨爲難，即掃盡君之體面，有負君之交情矣！

余由是於華人傳統之處世哲學，益增敬佩。遂亦採華人方策，遣僕分贈當時與宴者厚禮各一份，而未明言爲「賠罪」之用也。

二十四、呂咸爲食家大師

半年後，呂著青自江西歸，友人邀宴之於豐澤園，余亦在座。呂名咸，爲江西之「蘇維埃區」消滅後，第一任民政廳長，「聖眷」頗隆。呂遊宦古都多年，爲一有名之「

食家大師」，各大菜館均畏之如虎。蓋其酬應極繁，三餐幾全在菜館中，何菜最佳？何廚最能？何料最美？呂均如掌上觀紋，絕不容絲毫苟且。尤可畏者，呂常謂：「如欲食好菜，受好招待，客氣無用，非入座即罵，罵不絕口不可。食畢可略讚一語，則聞者已受寵若驚矣。

故當時大宴會中，談笑風生間，時有詬罵廚侍之聲音，則必有呂在座無疑。而一般喜食好菜，愛好招待之主人，亦視呂爲「好」之保證，每宴非邀呂來「罵陣」不可。

是夜，呂意興甚豪。宴罵連續二三，並謂侍者曰：「速倩廚師來見我；我未來北平經年矣。此必爲一後起之秀也！」

廚既入室，鞠躬如儀，余乃大驚，蓋此非他人，即棄余而去之施德全也。施於時面無人色。而呂則誤作解人，尙和顏顧施曰：「我雖以罵見稱，亦非見廚必罵者，何必惶悚乃爾？」

席既散，余驅車歸，才出胡同口，司機即停車，回顧余曰：「施廚欲見故主，有下情上陳。」

言未畢，施已入座司機旁，告我曰：「我以視日兵之眼光，視大夫，我負大夫深矣，我本粗人，未識日人中亦有好劣良善之分。遂乃受欺於劣者，而報復於善者，有負大刀王五之義多矣！

前者，余以長谷川君爲海軍中之侵華將領也，遂決意示以薄懲。苟非大夫在座同食，則藥量必數倍於此，座客入土久矣！

事後，讀小實報有『長谷川教授離此』之短訊一則，我始知已鑄成大錯，實有負大夫矣！」

余温言慰之，復告以長谷川臨行之言。施半信半疑，驚喜交併。臨行告余曰：「我已知大夫爲義氣中人，故敢以義氣相勉相慰。我在西郊海甸有藝徒與技徒數十人，泰半均諳技擊。一朝中日有事，大夫身陷重圍，可來我處。我當以全家大小之頸血，保大夫無恙也。」

翌日，余倩司機贈以禮物，並囑其安心治事，往日之意外，無外人知，亦不足介懷也。自是，余每至豐澤園，或爲主，或爲賓，每宴必有名貴之一肴，自天而降，滿座驚喜。侍者輒微笑曰：「施厨子敬老主人的菜。」

余亦厚酬其家，相處甚歡。施之長孫彌月時，施忽携其妻、兒、媳、孫，蒞余診所曰：「長孫無名，大夫盍助我乎？」

余遜謝，宴其全家於「厚德福」，並贈其長孫數事。施復堅請命名，余乃贈以「悌」字，而告施曰：「悌者兄弟之愛也。中日本爲兄弟，當本鬩牆禦侮之義，闡揚兄弟情誼，則後代有福矣。願令孫以此自勉。」

事後，余偶述其始末於張季鸞之前，張默然久之曰：「余固知君不然於日本軍人之政策，故敢直言無隱。倘一日所有日本軍人，與華人交往時，均如君然。則華人危矣！華人雖以忠孝節義爲重，而忠孝不能兩存者，輒移孝作忠。而於忠義必須有所抉擇時，又多懷『君知我報君，友知我報友』之念，移忠作義矣。是故，欲移其忠，但以恩遇之，以義感之，則事多諧矣。」

二十五、「反日丹」乘機暢銷

柳條溝事件後，日少壯派軍人，力主擴張主義，動輒以動武爲雄，遂在華多行不義，而失盡「人緣」矣。中文報刊之普遍以「倭寇」，冠諸日人，亦自此始。肆間之「避瘟散」，向爲抗暑之用，行銷極廣。此時有仿製者，命名爲「抗日散」，竟因之大銷特銷，且遠在原藥之上。馬占山嫩江血戰之後，抵制日貨之風大盛，「陰丹士林布」因商標繪有太陽，遂無人過問。偶有購者，亦必爲他人詬爲漢奸。是時，雖「仁丹」亦被拒。有高麗人金某，極狡譎善賈，素營此物，貨倉中堆積如山，而問津者渺無一人。居然異想天開，假其華友史貴元之名，印製「反日丹」之標簽無數，漏夜改裝，於報端大肆宣傳曰：「愛國者請用國貨，效力保證與『仇貨』無異。」一般格於抵制怒潮，不敢問津「仇貨」者，方苦於無仁丹之代用品者，爭購若狂。金某與其友遂利市百倍。未幾，華北之少壯派軍人，以「反日運動氾濫」爲辭，向華北當局強烈抗議，附件中且列舉證據與「激烈反日份子」各數十，而其中居然亦有史貴元之名在焉，蓋以其爲製造「反日丹」之廠主也。

是時，日本特務機關，已在華人心目中，向有「天眼通」，「順風耳」之喻，而竟至荒唐若是，誠可發一噱。

不久，復有人挾嫌誣之，揭其眞相於日本特務機關前，聞者大恚，以其「戲弄皇軍，營私利己」也。

未旋踵，金某與史貴元即雙雙失踪於天津。囚繫半載後，史始慶生還，已骨立矣。其罪名則仍爲「激烈反日份子」，自始至終，未確悉所囚何處也。金之遭遇則更遜一籌，已於就逮後押解回境，生死難卜。史歸來後，曾來余處就醫，述其經過，涕淚橫流，蓋刑餘之身，百般俱廢也。復央余爲之查詢金某下落，蓋自二人同時失踪後，金妻旋即席捲而去。一說伊已遁跡他鄉，一說伊已與駐屯軍一憲兵軍曹鳩居天津。余素鄙華人中如史貴元者，而「狗仗人勢」之高麗敗類如此金某者，所行所爲，較少壯派軍人尤爲惡劣，更足令人痛心，避之惟恐不遠，遑論專誠探訪？乃峻拒之。最奇者，數年後，史某居然東山再起，與余重逢於商會會長冷家驥宴會之上，名片上赫然有冀察政務委員會某機關「視察」之字樣，余閱之駭然，唯有咨嗟而已。

二十六、庸醫害人不淺

另一高麗敗類，假日人之名，行禍華殃隣之實者，爲一尹某，懸壺於天津梨棧，向以「墮胎」「壯陽」等旁門左道爲業。有南方紈袴子弟陳少伊者，學無所成，而妻家特富，遣之東渡學醫，未得其門而入。邂逅尹某於東京，遂由尹之介，入一護士補習班，數月速成。旋即偕返華北，由陳之岳家斥資開設「少伊醫院」於燕京，候診室內復懸有所謂「東京赤阪醫學會」會長之「推薦書」，以及「學會獎狀」，細審其簽名，則皆莫須有之教授也，而尹某之名亦附於其後。

陳自開業後，以「留日醫學博士」號召，來醫者頗多，而笑話百出，病人苦之，屢有訴之於首善醫院方石珊處者。方與余夙稔，一日笑語余曰：「余非留日者，而向謂日本醫學精進，何竟有醫學博士如陳少伊者濫竽其間？」

旋告余：「陳之患，非在診斷處方，即注射小技，亦難稱嫻熟。雖其「醫院」中設備週全，滿目琳瑯，而病人須打針時，竟有連刺二三次，始能刺入正確部位者！如此醫生，不殺人誤事者幾希。

方君頗悉陳尹二人內幕，盡以告余，余心殊悵悵；蓋華人知尹某為高麗人者極少，咸以其為「日醫」也。未幾，余與山本醫生邂逅於正金大樓，偶感慨言之，山本大憤，謂余曰：「余必有以示此二倭！」

二三日後，山本果糾集天津日醫數人，詣尹門質問：所謂「赤阪醫學會」之「推薦書」與獎狀，果有何據？更向尹詢查：自開業以來，所業何事？是時，余亦應邀在場。尹訥訥以對，不能成句，衆日醫遂縷述其劣跡，請以顧全日醫榮譽為念，自動遁跡。否則即當公訴之於領事館矣。天津日醫更屢聞尹某常以痲醉藥令打胎者昏迷，乘勢凌辱，事後，受害者既失身，復須付以多金，故人人恨之刺骨，而又不敢揚言，致失體面。尹某所為，誠屬禽獸不如，值此風雲險惡之際，自更增華人仇日情緒。山本君為人溫文爾雅，而性情剛直，嫉惡如仇。向尹正色曰：「請以醫生之名譽，病人之性命，以及閣下之人格為念，即日停診，於一週內摒擋一切，悄然逸去，顧全雙方體面。否則，惟有於七日後，於日租界公園內與閣下決鬥。閣下不來，余亦將來此，手刃閣下，然後切腹以謝！」

尹某大恐，立允於週內離去。衆日醫復囑其轉致陳少伊，苟欲繼續開業，請即除去門前「留日醫學博士」字樣。否則，在塲諸人甚願口試此「醫學博士」一番。尹唯唯。

不一週，尹已悄然遁去，「少伊醫院」亦已停業。管翼賢聞其事，笑謂余曰：「此爲日人近年來首次所爲有益之事！」時，管固以反日之言論，深爲其讀者所愛戴也。

二十七、馮玉祥獨厚段雨村

不久，復有西北軍元老段雨村誤於高麗醫生之手。段名其澍，爲西北軍中少數出身正統軍事學校者之一，與馮玉祥發生關係亦極早，曾任其總參議有年，在一般高級將領前甚有威信，人咸以待劉驥、王瑚之禮待之。

據余所知：段在馮前之地位極其特殊，一言以蔽之：馮對之頗示敬重，禮遇遠在待劉郁芬、李鳴鐘、張之江、鹿鍾麟等之上，惟從未給以部隊，亦未委以實權。終其生，段只一高級幕僚耳。

馮對西北軍中人，向有一不成文之慣例，即禮遇文人，而嚴待軍人；但又重用軍人，而閒置文人。段雖出身軍人，而馮獨以待文人之禮待之，絕未對其叱咤喝令，而始終亦未對之眞正重用。反之，當馮在北洋軍中初建系統時，段之地位已高而尊，宋哲元、韓復榘、吉鴻昌、孫連仲者，均或爲排長，或爲列兵。而不數年間，均飛黃騰達，各統大兵，昔日爲馮所尊崇之段其澍，雖仍尊崇如昨，而始終未獲機緣獨當一面，或總領師干。所可慰者：馮對韓宋孫吉之輩，呼來揮去，猶馬弁之不如。彼輩之位愈高，而馮對之辱挫亦愈甚。辱挫後面不改色，口無怨言者，立有升官之望。據聞：馮嘗沾沾自喜，獨得李合肥當年用人之法門。在李門下者，不爲李以「賊娘兒」詬之者，無升遷之望也。

是故馮於王瑚、薛篤弼、何其鞏、余心清、黃少谷之流，禮貌遠在待高級將領之上，而王之地位尤極特殊。人云：馮以作僞爲能爲樂，故以師事王，蓋王之作僞功夫，爐火純青，馮所自嘆不如者也。馮以爲苟能學盡王處世爲人之術，則君臨天下，四海歸心之期，指日可待。

對薛之態度，則介於客卿與「部下」之間，喝斥之時，與禮遇之厚，不相伯仲。而於何、黃、余之輩，則純以部下視之，發號施令，如對牛馬。然仍遠優於對高級將領。後者被罰立正，罰「兩腿半分彎」，罰「跑步若干圈」者，幾如家常便飯。有時且「罰跪」，「罰自打嘴吧」，甚至於「打軍棍」也。

段雨村則始終未蒙如此待遇，故在軍中目爲異數。相傳段曾力諫馮發動中原大戰，馮雖大不悅，亦未怒形於色，僅在段前，忽以細故，罰打一隨從副官軍棍四十耳。段聞絃歌而知雅意，遂絕口不諫矣。

馮敗後，段即寄居燕京，不再返其安徽原籍。僅以西北軍耆老之資格，由宋哲元月月致炭敬若干耳。

馮向不准其部下公開蓄妾，段則獨爲例外。中原大戰前，已擁有妻妾三人，而名之曰：「家鄉段太太」、「北方段太太」、「南方段太太」。後二者及其子段春霖（春字或有誤），皆爲余之病人也。

二十八、奉馮命劉陳聯婚

時，西北軍中另一耆老陳某，陳爲清代拔貢，向在軍中爲馮講解孔孟之道，頗爲馮所尊重，居然准其留辮，以示「敬老尊賢」。陳爲福建人，其子陳琢如、號璞章，留學日本士官。歸來後即任馮之高級幕僚。馮敗後，幼陳亦居燕京，任冀察政務委員會高級顧問之職。

幼陳之次女，極富美名，余亦見之，風姿綽約，有古美人風，果絕世之選也。余聞人言：徐永昌、潘復、袁良、何其鞏等，皆曾先後爲其子求親，而卒以年齡不當，或派系不同，而成罷論。後由幼陳作主，嫁與劉驥之子劉玉人。劉固西北軍元老，而其子則弱不禁風，畏母如虎，殊不足以克紹箕裘。幼陳何以女妻之，頗爲其戚友所不解，而獨得馮之贊許，曾自南京寄贈禮物若干，丘八詩一首，祝其早早生男，他日馳騁疆埸，趕走日本鬼子。人謂：馮對劉陳聯姻之欣然色喜，蓋以爲西北軍之老人，仍以團結一體爲重，他日馮之東山再起，或可有望也。

劉陳結褵之日，段雨村被聘爲「證婚人」，宋哲元以次各西北軍昔日魁首，均一一親臨致賀，余亦躬逢其盛，得識劉驥其人。以余匆促中之印象而言：劉之外貌，既瘦且庸，頗似京戲中演「末」之角色，予人以玉堂春中紅袍陪審者之感覺，言談舉止，亦頗乏精明果斷之象；何以馮用之爲總參謀長？亦一奇事也。

二十九、宋母大壽豪門之宴

後不久，宋又在故都爲其母舉行「七十慶典」，余躬逢其盛，其豪華奢侈，實爲數十年來所罕見者。

以余所知：此一慶典，既有委員會總管其事，復有籌備委員會，大事鋪張於先。

委員中，復分爲若干處：由蕭振瀛任總招待，張振鷺任司儀，潘復任提調，林叔言任賞金，常筱川任收禮，鄭道儒任總務，雷嗣尙任文書，潘毓桂任警衛，張璧任飲食監督，李顯堂任聯絡，門致中、秦德純、過之翰分任前院，後院，傍院「總理」，陳璞章任登記，陳繼淹任交通，李鳴鐘任軍界，陳中孚任外賓，管翼賢任報界，冷家驥任商界，蕭劉輔瀛任女賓，王××任耆老。……此爲余記憶中組織之大概，其規模之大，可見一斑。蓋每一處之卜，均有辦事長與辦事員若干人。所有職員均配有壽字徽章，下加紅綢條，書明其職務與姓名。工人與警衛，亦配有他色之壽字徽章，下加紅條。

舉行「堂會」三日，全國京劇名角，均一一應聘登場，花園中雖滿佈椅凳，而觀者如雲，仍有滿坑滿谷之患。後竟採取戲票制度，有賀客僅得一日之戲票者，亦有得二日或三日戲票者。

飲食則爲「流水席」，三院內，到處密佈「八仙桌」，八人坐齊，立即開席，於一桌食後，猶覺未飽，可立入他席。飲饌極豐。

貴賓則在東西花廳內聚宴，所食更爲豐美。所有菜單，逐日早晚更換，故賀客中舉家大小，來此坐食者比比皆是。管翼賢告余曰：有與宋家素乏淵源者，亦日携壽聯一副，偕全家登門拜壽，禮畢後坐食至晚，次日復携壽聯一副再來。是故，宋府壽聯之多，壽幛之多，幾如山積。

壽堂中，壽字幅，高大過人。案上巨燭亦粗於臂。正中且懸有林森與蔣中正所題之匾。林之下欵爲署名；蔣之下欵則自稱爲「侄」。日方人物中，贈壽屏、壽詞者頗不少，對仗工整，筆劃不苟，未悉爲何人所捉刀者也。

呂咸專程自滬北來祝壽，語余曰：此一慶典之盛，足可與當年杜月笙建立家祠之舉，相提並論。爲求其有過之而無不及，董其事者曾自滬網羅杜門中二三人，爲其顧問，用心亦可謂良苦矣。

至於所費之浩繁，自更在意料之中。事後，張恨水告余曰：「此爲宣統大婚後，古城中第一大濶事。三日所耗之資，當足敷十萬貧民一月糊口之用也。」

據管翼賢告余：「此欵並不全由愚孝成性之宋明軒，出自私人儲蓄。各方面人物，均有所謂「報効」。冷家驥代表華北商界，慨贈「禮金」十萬元，「壽筵」一千席；蕭振瀛一人即「孝敬伯母」，禮金五萬元，此欵由何而來，則無人知矣。此外，湯玉麟以待罪之身，蟄居古城，亦忍痛報效一萬元。至於陳繼淹，馮治安，造幣局長吳大業，稅務局長寧恩承，北寧鐵路局長陳覺生、印花烟酒稅局長徐銑，海關代監督謝振紀等，均各贈「禮金」五千至一萬元。即如官產局長常筱川與北京財政局長林叔言，亦各贈五千金之鉅。其餘在五千以下，一百以上者，更車載斗量，不可計矣。

三十、秦德純頗富機謀

綜宋在華北叱咤數年，其人品却未可厚非，而建樹則除遷葬、祝壽以及驅大刀隊亂砍女學生外，甚少可言者。

宋自就任「委員長」以後，甚罕再以軍裝出現，恆以長袍馬掛，瓜皮小帽爲其常服，殊予人以不倫不類之印象。而其部屬，亦多起而効尤，尤使人見而噴飯。如佟麟閣、馮治安均赳赳武夫也，而身御長袍，頸圍絲巾，宛如洋場惡少，而談吐舉止，復如丘八，其不識自量如是者，與強鄰折衝之時，自難免貽人以輕視之柄。宋軍中之虎將趙登禹，喜峰口一戰，身先士卒，裹創力戰。而於苟安之後，富貴尊榮，竟沉淪於烟霞之癖。英雄坐困，余深惜之。彼屢倩雷嗣尚、丁春膏說余代爲「秘密戒除」，而爽約者屢，蓋皆臨時動搖之故。反觀張自忠，雖亦一度成癖，而叱咤之間，立戒無餘，固男兒本色也。

秦德純雖善哭，而頗富機謀。宋履任後，彼即建議：爲安全計，密調二十九軍精銳，改任平津之保安隊。宋依其計而行。故古城中之保安隊，自是裝備一新，不再肩負有槍無彈之老式毛瑟，而改爲漢陽造步槍與西北軍之大刀矣。

塘沽協定後不久，石友三等曾在日本非正式官方人物之資助下，一度夜襲平津。駐紮於通州附近之鐵甲車隊，亦預其事，馳抵古城脚下，發炮三響。詎裝備過舊，三炮後炮即赤灼，不能再發，襲城之「便衣隊」，又僅有手槍與手榴彈，絕非保安隊中之二十九軍老兵對手。天津之戰況猶烈，所謂「便衣隊」者，幾掃數就殲。古城中，「便衣隊」巷戰未成，而已傷亡過半，鐵甲車亦自動退回原防。故都轉危爲安，而保安隊之損失則微不足道。是故，宋益信秦言，更抽調老兵入伍於「保安隊」。

宋部於喜峰口之戰，老兵傷亡幾半，後又抽調改編爲保安隊，所餘者泰半新兵。宛平南苑之役，宋部未能於戰局中力阻狂瀾，此或爲一重要原因。

余聞人言：二十九軍自長城戰役之後除劉汝明一師外，餘均久駐近畿繁華之區，鬥志大減，而尤以將領爲甚。如馮治安即連納二寵，置金屋於清華園與萬壽山之間。其一於新婚不久，來余處就診，氣焰薰天，人皆側目，且遣一馬弁入告余曰：

「盍先遣去候診室內病人？囑其稍後再來。此輩呻吟滿室，藥臭薰人，夫人不能耐也。」

余叱馬弁出曰：

「為我上覆貴夫人，『特別號』只予以優先入診之權，而未予以歧視他人命令醫生之權。我尚無開客廳以待『特別號』之習慣，倘夫人不耐，盍請便乎？」

少頃，新夫人入，搔首弄姿，若在在皆不愜其意者。處方後，余命護士為之注射，復嗔叱護士曰：「止！吾豈容亂注射乎？容吾與師長細思之。」

余甚惡其「暴發戶」之醜態，遂正色曰：「注射與否，決在醫生。倘夫人與馮師長欲自決診療之法，即請於決定後下令貴師軍醫，遵命行之可也。」

言訖，余遵令護士導其他病人入診。

三十一、張恨水妙語解「凱旋餐」

是年，日本駐屯軍在華北舉行大演習。二十九軍遂亦做野外演習，以為對抗。宋忽遣常筱川來邀余往觀。余辭以冗務，未果。遂與常驅車往西郊，而遇宋、秦、馮，及佟麟閣、門致中、鄭大章、趙登禹等人於八大處附近。沿途及田野，遍佈二十九軍，均依當年西北軍之裝束，無背包而僅有棉被一捲，內夾鐵鏟，旁插大刀。而有輕機關槍與鋼盔者，僅屬鳳毛麟角。諸將帥裝束亦頗為奇突：宋係戎裝，御一高頭駿馬；與之並騎者為秦紹文，雖佩「武裝帶」，而頭戴西式呢帽；鄭大章則戴一軍帽，半似斗笠，半似童子軍帽；佟麟閣未識何故，仍御便裝短衣褲；趙登禹則全身披掛，而於腰間佩一「盒子炮」，下垂紅綠綢帶，遠望如馬弁然。常牽余袖低聲告曰：「趙眞不忘本，處處欲使人知其爲馬弁出身也。」

余與諸將帥共餐後，即仍與常驅車返城，而始終不解宋明軒堅邀野外一飯之故。事後，張恨水邀余出遊曰：「亦有暇去海甸嘗一新菜乎？吾當示君以『凱旋餐』也。」

張云：「演習期間，海甸冠蓋雲集，北京一大飯莊，乃遣廚侍十餘人，於蓆棚之下，大賣其特製之『凱旋餐』，爲將佐者以其爲吉兆，多前往食。此餐之配製，頗爲別開生面。以韭黃、韭菜與肉絲，外加花生米少許，合而炒之，然後置於『荷包蛋』上即成，其味亦頗不惡。」

張四顧人稀，乃笑而告余曰：「倭奴君亦知主人配裝此餐之苦心乎？倘貴國特工人員得悉此中奧秘，此飯莊主恐將寢食難安矣！」

據張云：所謂「凱旋餐」也者，意在二十九軍必勝，日本必敗也。——韭黃與韭菜爲二韭，與「二九」諧音，故以之象二十九軍。花生米又名長生果，「長生」與「常勝」爲一音之轉。「荷包蛋」者，旭日旗也。蛋在二韭與花生米之下，示日本必爲常勝之二十九軍所征服也。

余乘興告以宋邀共餐之事，張哈哈笑曰：「宋明軒坐井觀天，日在小人諂諛之中，自視爲天下之雄，所部亦已成天下無敵之師。故欲假君之口，以告日人二十九軍軍威之壯。苟君稍識軍事，則易識破其眞象，秦紹文等輩必阻其奉邀矣。」

不二日，余於正金大樓午餐時，適逢行將歸國之高橋二郎。渠本業醫，而活動異常。偶告余日前常筱川亦曾邀彼至野外，與宋秦一飯，道經二十九軍演習之地。

余探之曰：「其意安在？」

高橋笑曰：「無他。蓋欲我爲其二十九軍之神武，向武官處作宣傳耳。實則，武官處又何必待我傳話？我不須媚武官處以購三餐，殊不欲與蕭振瀛之流爭功也。」

余亦告之日前遭遇，相對大笑而別。

三十二、相士善於相氣

是時，余尚未婚，亦未識吾妻。每年冬夏，各休假數週，或遨遊各大名山，或東渡一訪故舊，無牽無掛，如野鶴閒雲，信可樂也。

余之得遊廬山、黃山、莫干山、泰山、西湖、大明湖、瘦西湖、玄武湖、巫峽、峨嵋山等各大名勝，均在此時。得識張善子、陳半丁、吳昌碩、傅增湘、黃伯度、太虛法師、班禪額爾德尼、金梁、法尊上人等，亦均在此時。

與余偕遊者，時爲丁春膏，時爲何遂，後乃有彭涵鋒。

彭君名樂韜，北方人，一相士也，以此結交顯達與大戶，遨遊南北。彭雖爲術士，而江湖氣極淡，又烈性直言，深洽吾意。故常與偕遊，觀其臧否人物，絲毫不加假藉，每使權貴大賈與名流，面紅耳赤，手足失措，亦假中消遣之一道也。

彭自云：幼年逢一黑而且瘦之道人既精技擊，復精相術，數年盡得其傳。其相術大異尋常，不以五官四肢爲重，而重在其人之「氣」。於相氣之外，又有所謂「外應」。倘有疑難時，僅觀「氣」不足以爲圓滿之解答，則須小坐片刻，以待「外應」。舉手投足之間，偶有一事觸發彭之靈機，即爲「外應」。片言隻語，往往有中，誠可異者也。

彭告余曰：自諳相術後，以年少氣盛，嘗於市肆邂逅一富戶，倩彭談相，彭哂之曰：「汝有龜相，家有龜醜，何必再嘵嘵談相乎？」

富戶怒其無禮，欲揮以老拳。彭曰：「如不信，盍立返尊府一覘？贈君綠帽者，當仍在綉房中也。」

富戶家固多小星，半信半疑，兼程馳返，果於榻上獲一美男子，遂並其寵姬而殺之。彭乃星夜出亡，旋附貨輪遠航英倫。

滯英三載，事漸寂，彭乃買棹歸來，談相於平津京滬之間，例無「門市」，亦不取酬，皆由人自動餽贈，即無所贈，彭亦了了，不以爲意，余以是敬之。每偕遊，必使其無食宿旅費之累。是時，彭未婚，豪飲健談，每於逆旅孤燈下，且飲且談，不知東方之既白。

三十三、財神俗不可耐

一年，余以丁春膏之介，得識財神之幕友李青選君。李固一枝獨秀，出於汚泥而不染者也。後余竟以彭之故，一度爲財神公館中之座上客。

吾於財神之業跡爲人，耳聞已久，拜識荆之後，益覺其俗不可耐，充其量一劉景升之材耳。雖其山西腔英語不絕於口，而嘵嘵自炫爲山東孔丘之支系，其言無味，其情可憫。而其諸雛，趾高氣揚之狀，尤較彼惡劣萬倍。其妻雖徐娘半老，而濃妝豔抹，香氣逼人，所談者亦十有九句爲英語。見客時，且有洋犬一頭，隨侍其側，此「夫人」時或與客交談，時或對狗獨語，時或呼僕歐至有所指斥，一意孤行，旁若無人，有如村婦。此種作風，於國際社交場合上，定必爲人人所不齒。余固不解：喜劇人物如此公賢伉儷者，何以竟能於一文明古國，風化之邦，呼風喚雨，爲所欲爲，豈浩浩中土眞已才盡乎？

彭涵鋒曾遍相財神老幼，而於相「夫人」時，言特犀利，誠不可不記。余憶彭當時以英語告之曰：「夫人爲羅曼諦克型之人物，故一生中之需羅曼諦克，如魚之於水。」夫人顧財神而頷首笑曰：「汝聞相士之言乎？彼眞知我者也。……但我今垂垂老矣，先生觀我，豈仍有羅曼諦克之可能乎？」

彭沉吟未答，以須待「外應」爲報。維時，座旁一波斯貓，咪咪之聲不絕於耳，頗爲惱人。該「夫人」連連撫之曰：

「睡休，睡休。」

而貓則抗聲而嘶，咪咪更盛。彭忽拍案而起曰：「外應至矣！——夫人雖不欲再羅曼諦克，亦不可得也。蓋貓者爲苗一音之轉，今貓不欲睡，是夫人之『苗不寢』也。」

三十四、財神府多艷聞

財神奶奶聞後，搔首弄姿，喜形於色。余始終懷疑彭爲借題發揮，蓋京滬一帶消息靈通人士，人人皆知：身爲××署長之吳×××，××××局長之「宮保世家」，悉在「公館面首」之列。故二人雖屢行不法，而能化險爲夷，青雲直上，皆善侍「奶奶」之功也。

財神雖對之視若無覩，然於艷聞之製造，亦斤斤不敢後於其夫人。上海××局長喬××，娶婦劉氏，伉儷均爲「銘×學校」畢業生。劉肥而艷，遂得財神青睞，喬××亦以是超升。財神之左右咸知，財神於全國稅務，極少過問，而於上海稅務，則事必躬親。每有諮詢，必命駕喬府，面諭喬局長赴京或赴杭治理要公，然後與「局長夫人」盡興盤桓。是故，喬之劣蹟雖不在吳、盛之下，而升爲××署長或×部司長之呼聲，亦最高。

一日，上海海關監督靳鞏，邀宴於老正興，室有金魚數尾，綠毛龜一頭。靳忽指龜曰：「喬××兄，別來尊夫人無恙否？」舉座皆大笑。

俄頃，半醉之靳鞏，復顧「宮保世家」大聲讚曰：

「吾兄齒白唇紅，日勝一日，豈公館中之水土有以致之耶？」

「宮保世家」大窘，嚅嚅而已。彭爲其看相時，亦直言其一生際遇，端賴「旁通」二字。彼聞之更窘，未能終席，抱頭鼠竄而去。

靳謂彭曰：「先生眞神人也。此兄生母，原爲宮保夫人梳頭婢，夫人病時，通而有孕，遂納爲妾焉。此亦『旁通』也。而此兄本人，復與財神奶奶相交甚契，更極盡『旁通』之妙矣。」

未幾，靳即以「另候任用」，而失其官。宮保世家與吳××，喬××則更蒸蒸日上，大顯神威於財神之府。

三十五、丁春膏清風亮節

除靳翟外，余至友丁春膏，爲丁寶楨之曾孫，以節操自厲，激濁揚清。於「宮保世家」與吳、喬之流，猶不假辭色。一日，財部稅務司長高秉坊，宴余等於錦江川菜館。丁、吳、喬與「宮保世家」均在座。宴後，丁笑顧余曰：「倘我知高春如亦請喬、吳、盛之流，必不來也。有此諸公在座，眞可謂龜兎同籠矣！」

席間，「宮保世家」頗欲與丁攀結，嘗謂：「吾於令曾祖丁宮保之嚴正，耳識久矣，亦有軼事可得聞乎？」

丁淡然答曰：「先曾祖無他，惟剛介不阿，見貪贓枉法者必殺；淫人有夫之婦者必殺；寡廉鮮恥者必懲；裙帶關係者必黜而已！」

三人默然者久之，終席未能成歡。宴後，林青選陰諫丁曰：「兄不畏此三人，獨不憚奶奶與財神乎？」

丁啞然笑曰：「我家文誠公，所遺於後代子孫者，非百萬家財，惟正義感與強項二事耳。」余聞之肅然起敬，自念中土士人之清風亮節，眞他人所不可望其項背者也。

三十六、馮玉祥欺世盜名

是時，何遂任立法院軍事委員會委員長，蟄居金陵，鬱鬱寡歡。値余與丁、彭過訪，大喜過望。置酒高會，聯袂遊湖，席不暇煖。一日，忽於雞鳴寺逢馮玉祥，方與方丈娓娓叙家常。何、丁二人皆曾爲馮馳驅，而後皆棄馮而去，相見之下，百感交集，彭則於寒暄後竟不顧而去，始終與馮週旋者，唯余而已。事後，

彭告余曰：「君亦悉三國人物否，而今吾見馮煥章先生，始知其人貌似劉備，才如孫權，而志比董卓，詐如呂布，運只袁紹耳。」

何、丁二人，亦於馮之僞善終日，欺世盜名，頗爲不齒。何且告余曰：馮之謳歌王瑚者，即因王之僞善功夫，猶勝馮一籌。王之爲人，所謂滿口「禮義廉恥」者也。

未幾，又逢鹿鍾麟於玄武湖。鹿固西北軍宿將，口碑頗盛。何遂告余曰：「我自隨孫岳與馮合作以來，所見多矣。人皆謂鹿爲大將才，其實謬矣。鹿雖有過人之材，而乏男兒骨格，侍堯則吠桀，侍桀則吠堯之人也。」

據何云：鹿之能得蔣、馮歡心，除能曲意完成任務外，厥在表現絕對服從。鹿每接馮電話，輒起而立正，不至話畢不敢「稍息」。雖在大庭廣衆之間，亦不稍易。此點最合馮之心理。蓋其他高級將領，如孫良誠、張之江、劉郁芬、韓復榘、宋哲元、梁冠英、石友三、孫殿英等，均僅於開始講話與話畢時，立正一剎那以虛應故事耳。而鹿於見蔣時，蔣每一發言，鹿即自座上躍起，立正聽話，遂致蔣與之交談時，半數以上之話語厥爲：「請稍息談話」、「稍息」，故愈談則蔣對之印象愈佳。

三十七、權貴多避暑頤和園

一年，余殊不欲遠遊，遂在頤和園中賃屋避暑。時，頤和園之管理所長爲許某，其先祖與丁寶楨有親，故余友丁春膏呼之爲「許表叔」。頤和園以經費短絀，乃闢屋自「水木自親」、「諧趣園」一帶，高價按間租賃。一時，北方權貴，在西山無別墅者，不欲赴北戴河或廬山避暑者，皆爭先於昆明湖畔覓一枝棲。

余所得者，爲樂壽堂後殿之房二間。初以爲「偏房」，而許所長告余曰：園中老人云：慈禧息駕於樂壽堂時，是屋即爲總管李蓮英下榻之所。屋內有古式木床一具，極其堂皇，窗戶與壁間，全由郎世寧之畫與張百熙之字所點綴，亦間有其他翰林「恭楷」之作。近殿門處，有一假壁，凡十餘格，每格均有小型之「中堂」一幅。許所長告余曰：此皆歷科狀元之墨寶也。惜余不文，僅嘆賞而已。其姓氏則今已不復記憶矣。

許所長舉家居於諧趣園之一隅。一日，余往過訪，見其幼孫案頭有拿破崙式之大炮數尊，形式各異，而構造極盡微妙，誠玩具中之上上乘也。因詢以何處購來？許赧然曰：「此園中物也。想亦當年大吏或外臣納貢者也。」

許告余曰：「如此物者，浩如烟海，前人無簿可稽，後人遂亦了了從事，蓋一加追究，則惹事生非，必致引火燒身也。」

言訖，許復開一櫥以示余，其中有鼻烟壺數百具，形式殊異，極盡奇巧，而詢余曰：「苟有所喜，取之可也。」

余遜謝之。許曰：「來此園中者多貴人，小住後多欲携一二「御物」歸去，以為炫耀。是故集園中無數之鼻烟壺及它種零星雜物千數百件於此，供人求取。否則，權貴一怒，園中之經費更絀矣！」

余聞之黯然，遂電邀林叔言來園一飯。林時為財政局長，左右逢源，長袖善舞。席間，除林與余之至友丁春膏外，惟許所長一人在焉。林立允嗣後經費當按月照發，決無減拖之理。事後，林之夫人「格格」告余曰：「許以大白玉如意一枝，『雨過天青』盆四具，及其它零星古物十二色，親送林府，以為林壽。」余聞之，惟拍膝嗟嘆而已。

余在園中頗不寂寞，蓋左顧右盼皆一時權貴也。計有王克敏、王揖唐、潘復、馮治安、劉驥、高凌霨、陳琢如等人。而余友丁春膏與溥二爺，時亦寓園中。每日三餐，均於「石舫」食之，利其便捷也。而每日三次，古城中之「信遠齋」，復遣專人以自行車，送各物至。自冰塊、汽水、酸梅湯以至各式點心，均可予取予求。余於離園前夕，且曾自豐澤園訂來酒菜三桌，以饗許所長以次諸友。

余寓園中時，得晤昔日宮人甚多。所可異者：不直於慈禧者，竟絕無僅有。光緒則異口同聲，尊而敬之。獨於李蓮英，毀多於譽，崔玉桂與小德張之流，則更毋論矣。一日，管翼賢偕張恨水來訪，余告以所見所聞，管云：「是矣。妖婆慈禧移海軍費六千萬兩以建頤和園，誠上上策也。故今日仍有此園在，以供後人享樂，倘以之購船購炮，則早已沉海底矣！」

余聞之惘然莫知所對。

三十八、蕭振瀛害死愛國青年

一日清晨，丁春膏忽來訪余，並邀余立即入城參加營救一愛國之二十九軍青年軍官艾君。

艾君名軍符，四川人，曾在劉湘部任機槍連長。九一八後，北上投入何遂之第五十五軍，以戰功升到團附。五十五軍解散後，何以與其姑舅有舊，介於宋明軒，遂在二十九軍任團附。艾平日以誓死抗日自勵，屢興髀肉復生之感。而目睹二十九軍高級將領之沉迷於名利聲色，尤深憤慨。一日，蕭振瀛偶至三十八師防地巡閱，復由副師長李文田陪同，召集團長以上官佐談話。蕭固以「旋轉乾坤」自命，談話時亦就此旨大加發揮。凡有言戰者，皆厲色斥之，艾君爲之大恚，憤然有殺蕭之意。

自是，艾即數度請假赴津，偵察形勢，欲向蕭伺機下手。更頻頻告其僚屬曰：

「二十九軍中人，言論如鄭孝胥者，蕭較鄭尤可殺！」

不圖有軍官頁某者，與蕭主辦之「軍衣莊」經理爲至戚，竟向蕭告密。蕭亦立脅李文田以「教唆兵變」之罪，將艾扣押，欲以「軍法從事」。

何遂之家屬，是時仍在古城。聞訊後，立加營救，未果；遂轉托丁春膏爲之緩頰，貸其一死，丁慮力孤無濟於事，復求助於林叔言、鄭道儒、雷嗣尚、秦紹文等，而此四人咸恐開罪蕭仙閣，頻顧左右而言他，丁憤甚，乃決請求余相助，蓋宋、蕭皆余之「病人」也。

幾經波折，始定讞爲「打軍棍」，撤職與遞解回原籍。——及艾君重復自由，雙腿已殘，蓋於定讞前，蕭已賄人以夾棍等私刑泡製之矣。余雖極力爲之醫療，而筋斷骨折已久，實乏回天之術。

一夕，艾突來告別云：「明晨當束裝返里，大夫遇我殊厚，報恩惟有俟諸來世耳。」余欲饋以川資，艾拒而不受。但云：「倘大夫必欲有所見賜，則請將案頭之白蘭地與我，足矣！」

余遂贈以金星白蘭地二大瓶，互道珍重而別。

次日午後，丁春膏忽電告余：適接管翼賢電話：警察發現艾君吞槍自殺於碧雲寺山頭，管固知丁曾翻江倒海以救艾於死刑者也。

余聞言後，與丁君咨嗟者久之，而余等卑視蕭振瀛之心理，自是更甚，而此一愛國青年，亦從此長埋異地，抱恨終天矣。

三十九、蕭振瀛貪污有術

蕭振瀛之爲人不堪，非僅在於其謀國不忠，利祿薰心；即對二十九軍而言，亦極盡盤剝利用之能事。外間惟知宋、蕭關係親密異常，而不知二十九軍之軍需供應，實握於蕭之手中，蕭既好貨，又善漁利，故軍需項下所盈餘者，向在他人之上，而宋亦以是視之爲股肱。

蕭在軍需處，雖不負任何名義，而有實際掌握之權。其內弟劉某，即爲其代理人。而另一內弟劉某，則爲蕭所辦之軍衣莊經理。此外蕭尙在津、保、石家莊等地，開有「糧號」，「錢莊」，專務二十九軍之營業。

全軍所需之軍服與軍糧，掃數由其「軍衣莊」與「糧號」包辦。二十九軍各部每季多餘之軍服，由其「軍衣莊」賤價收買，然後再於下季，作爲新軍裝高價賣與二十九軍。

軍糧方面，更用「攙沙」，「攙石」，「加水」等法門，以達「以少報多」之目的。然後再將節餘之米，按市價售與其它糧號。

凡此種種貪汚舞弊情形，均係艾君於折腿後，娓娓告余者。且各軍衣莊，糧號，錢號，均有舖名與地址，以及經理與蕭間之關係，故余確信，艾君所言者絕非虛構也。

艾君亦告我：軍中有一自編之「數來寶」小調，純以蕭振瀛之劣蹟爲題材者。文曰：

「好老蕭，法力高，
喝兵血，吃兵膏，
要大米，要鈔票，
乾爸爸，東洋佬，
見狗頭，氣難消，
請過來，吃一刀！」

由此可見當時下級官兵，對此公憎恨之程度。宋明軒雖亦頗有所聞，惟以蕭爲之聚歛者，較任何軍需處長爲多，故仍重用之如昔。

蕭於西北初期，曾任五原設治局局長，以善於就地籌欵，見知於馮玉祥，中原大戰後，蕭復代表韓復榘與宋哲元，向南京輸誠，遂大逞其左右逢源之慾，蓋彼一面向韓、宋取得充足之活動費，另一面又接納南京所出之津貼。韓、宋收編時，蕭已宦囊充裕矣。

宋被任爲冀察政務委員長後，蕭頗以「劉邦」視之，而自詡爲蕭何。時，北方尚有聞「委員長」三字而立正之風氣。此「委員長」，自係指蔣介石先生而言。

蕭乃力創另一風氣：呼宋明軒爲「委員長」而不冠之以姓。而呼蔣先生爲「蔣委員長」。從此以後，北方談「委員長」時，即僅指宋而言。

余殊不欲臧否人物，惟於蕭之流，則實恥與爲伍也。此君遇余優禮有加，又毫無私怨可言，並曾三致其「祖先三代帖」於余，欲爲異姓兄弟，余始終堅拒之，而蕭仍故示親密，對余之優遇不少衰。林叔言告余曰：「蕭自詡爲日本通，能玩弄任何日人於股掌之上。而君以一介醫生，始終不肯對之就範，傷彼之自尊心深矣。故彼不惜委曲求全，再三欲與君結拜也。」

余答曰：「我家世代相傳之做人原則，厥爲『守正不阿，扶正排佞』。此君之爲人，實非君子之流。交往已難，遑論結拜？況此君幸晚生數十年，倘遇我高曾列祖以及老父，則必將以武士劍教訓之矣！」

四十、范長江無中生有

瀋陽事變後，迄張學良南下之前，外間咸謂張與南京之關係，極其水乳。以余所知，未必盡然。

張雖日臥於協和醫院，以養病爲名，實則其病房即爲變相之「順承王府」也。日集謀士，談商大計。以「避嫌」之故，與日人亦不謀面。而日方對其種種意象，頗似瞭如指掌。當時在「居留民會」中之濱田君，曾語余曰：「今日張少帥日夕焦慮之問題，並非何日始能重據東北，而爲如何始能永鎮北方，不容他人置喙。」

觀諸若干事實，此一判斷確頗中肯。如何遂奉南方之命，招募散兵游勇，成立第五十五軍，參加長城之戰，是時，除徐庭瑤軍與南方瓜葛較深，其他如商震部自係「閻老西」系統；而宋哲元、龐炳勛、孫殿英、方振武、吉鴻昌等部，仍被目爲西北軍系統也。

何遂語余：當其率部在冀熱邊境作戰時，兵站只發給每兵「鍋盔硬餠」一個，以草束之於頸，外加「鹽蘿蔔疙疸」一方，亦以草木束於頸，遠望有如胸披「護心鏡」者，狀極可笑。而此後「給養」，即責令自行就地「徵發」。官兵於酣戰之餘，已極口渴，何能再下咽此其堅如鐵之硬餠與鹹過鹽之「疙疸」？故怨憤之聲，不絕於耳。戰未兩日，而左右翼之東北軍，忽於拂曉前不告而退，莫知所往。殆何部發現時，已陷重圍，而何之司令部亦險爲日軍搜索部隊突入。

是時，戰地記者范長江，正在何部採訪。天明前范即嘵嘵以「攝取戰利品」爲念。何當即以實況告之：「所部接防僅一日有餘，在優勢炮火與漫天轟炸下，能堅守於工事中，不爲炮灰者，已屬大幸。與敵既無短兵相接之機，更乏反攻逆襲之力，何來戰利品哉？」

范長江，乃於天明後，商諸何之隨從副官蘇恩，取白被單一方，以墨塗一大圓形於中部，又將「後援會」送來軍部之鋼盔兩具，置於被單之側，然後又取面盆潑水於旁。蘇恩不知其用意何在，一一遵行，范亦興高采烈，攝入鏡頭。正値神采飛揚之際，特務連忽報：「敵人搜索部隊突入軍部警戒線」。一時，內外大亂，亦無人再顧及此被單、鋼盔與面盆矣。

不數日，范已返後方，而此數幀照片，亦一一披露報端。「被單」已被渲染爲「敵旗血跡斑斑」，而此一助人爲樂之蘇恩副官，亦已被渲染爲「手刃獸兵十餘人」之勇士矣。是時，范之通訊與攝影，均已頗受社會歡迎，而其無中生有之舉，竟至如是荒唐，誠可一嘆。

四十一、張學良逮捕丁春膏

前方戰事甫停，張雖對徐庭瑤部無可如何，惟立即對何部採取行動，以「軍紀不良」爲理由，派萬福麟、何柱國、繆澂流等部，將何部包圍繳械，取銷其番號。其時且遠在方振武與吉鴻昌被中央解決之前。何被解決後，已成一光桿之中將，遂由蔣委員長任命爲立法院軍事委員會委員長，從此長駐南京矣。

是時，大公報之態度，已愈趨傾向南京。張季鸞在蔣委員長心目中之估價，亦已開始上漲。故張每自津來故都，即有長駐東車站專伺要人來往之偵緝隊「眼線」，電告偵緝隊長馬玉林，派人跟踪，以便向張少帥轉報其活動情況。張亦安之若素，有時且回顧跟踪者，大聲謂曰：「爲我轉告馬隊長、鮑局長：今晚我在韓家潭請客，有空請來坐坐。」跟踪者每爲之狼狽萬狀。

余友丁春膏君時任中法儲蓄會副理事長，每須赴滬與理事長李思浩，另一副理事長鄧某洽談會務。孰意竟有宵小，向張造謠，謂丁受南方之命，欲在故都設立秘密電台，報告張之動向。張大怒，乃下手諭警察局長鮑毓麟，密令偵緝隊包圍丁寓，再由憲兵司令邵文凱，警備司令王樹常，調集軍警憲探五六十人，黎明前踰牆而入，如臨大敵，四鄰駭怪。除將丁逮捕外，更大肆搜查，將所有來往信件，均一併沒收。更留偵探數人，駐守丁寓，藉以監視其家屬活動，幸電話尚未切斷，故丁仍能向各方友人電告乞援。

是時，華北局勢極其複雜，各人多不願多事，以免引火燒身。河北省工商廳長呂咸，民政廳長孫奐崙，雖與丁交厚，亦畏張遷怒不敢出頭，惟囑丁夫人倩余與美人福開森，共同設法營救。

邵文凱、王樹常全家，均爲余之病人。故余乃立即電此二人，願將丁保出。二人以逮捕之令出自少帥，無權任其保釋。余又請其設法將駐守丁寓之警探撤去，以免擾亂丁家之正常生活，二人亦藉口不允；余乃請其准丁家之全部家屬暫遷我處，如有逃逸，唯我是問，在丁未定讞前，亦請加以優待。並告二人：已囑天津日友向東北之元老派進言，請代爲丁說項矣。余又致電于學忠，請其爲丁緩頰。于爲東北軍中頭腦較清醒之人，故余與之頗稔。瀋陽事變後，爲全軍中唯一「經得打」之部隊，故雖非「奉軍」嫡系，而助位日隆。

天津日人秋山君，雖無官方職務，而長袖善舞，尤善於在幕後安排處理，所識之中國權貴，多不勝數，而其爲人，亦頗義俠。興來時，一杯在手，娓娓清談政壇秘聞，實足以消遣解悶，故余與其政見雖不大相同，而交誼頗不惡也。

秋山得余訊後，果立即向東北之元老派疏通。邵王二人亦碍余情面，允丁之家屬暫遷余處，以免騷擾。並亦訓令公安局長鮑毓麟：於局長辦公室左邊一斗室中，設立「優待室」，拘留丁於彼，衣被飲食，均可自外送入矣。

王詢曰：「君意丁決無他乎？」

余曰：「願保丁決無他，我有數友亦可協保也。」

余携司機驅車至丁寓，遷丁夫人，丁之孀妹，孀弟婦，丁子，丁女，甥男女，侄男女，大小九人於余處。自是，丁之友人，始敢來見，亦多只嚅嚅慰藉而已。獨張季鸞、管翼賢、張恨水三人截然不同，季鸞與翼賢，分囑各報，愼勿發佈消息，以免事態擴大，將來無法小事化無。恨水則親爲丁夫人屬稿，致函質問張少帥，何故無理捕人？

是時，丁家老小，涕淚縱橫，如待烹之羔羊，睹之慘然。余與丁有金蘭交，更覺赴湯蹈火，義不容辭。乃與福開森君秘約：倘丁不幸定讞，勢必罪及妻孥。則我等與秋山三人，將分任護送丁家九口出險之責。福君雖已老邁，而熱心過人，特過余處，與諸稚弱言歡久久，至深夜不去。

次日晨，王樹常忽來電云：「刻有要事相商，請即命駕來我處一談。」

余意丁必有不測，乃分電福開森與秋山，然後驅車訪王，丁夫人前則秘而不宣也。

至王處，公安局長鮑毓麟已在座。王詢我曰：「君與丁素稔耶？」

余曰：「然。我二人結拜兄弟也。」

王長吁曰：「若然，則君可書一保狀，我亦可交還丁於君之手也。」

余大喜過望，立書保狀。王更曰：「吾召鮑局長至此，即欲伴君前往迎丁也。」

途中，鮑告余曰：「此番純係誤會，有小人密告耳。丁之所有信件，均經檢查，無一可爲罪證。故少帥恍然大悟，立下手諭釋之。」

事後，少帥且藉「節禮」之便，倩人贈丁高麗參數両，名貴皮裘一襲，聊表歉意。丁欲璧還，其友人力阻之。

未幾，秋山君告我：向張少帥輾轉告密者，乃二十九軍總參議，駐故都代表，吉林人蕭振瀛也。

余詢丁：「你識蕭振瀛其人否？」

丁曰：「我之結拜兄弟也。中原大戰時，韓復榘向中央輸誠，以蕭爲代表，而實藉我以與孔庸之聯系。蕭雖小有才，而狂妄自大，自認助韓倒戈，爲不世之功，此後非部長一席不能酬其勞勛。并托我向孔轉致此意。孔雖虛與委蛇，而實未爲之說項。蕭未得官，乃遷怒於我，謂係我在孔前破壞所致，自是，處處爲難，且每在人前大言賣弄曰：『大義滅親，古已有之；何況結拜者乎？』」

事後不久，邵文凱召余宴，恐亦聊以補日前未能相助之過耳。席間，亦告余：「媽拉巴子，老是蕭仙閣那小子一個人搗的鬼！小兎崽子眞不是人養的！」

自是，余遂對蕭振瀛其人至爲鄙視。不圖此君又於天津市長任上，陷害丁君，首向日方，次向宋明軒，誣其爲南方私設電台，秘密通報。日方是時情報靈通，立悉其奸，未墮彀中。而宋明軒竟赫然震怒，始有命潘毓桂捕丁釘鐐之議。後以秦德純轉述林世則之言曰：「捕丁之謠，已入於某日籍客卿耳中。彼大笑謂余曰：丁有電台之說，日人似早有所聞。倘日人至今未對丁有所行動，是證明電台之說，全屬無稽也。」

宋聞言以為是，蕭之計遂不售。

四十二、馮玉祥「貧」李德全富

陳劉聯姻時，段雨村身為證婚人，又以此機緣與西北軍舊雨，除韓向方、鹿鍾麟等人外，傾巢重聚一堂。於是，連日高會，酒宴連連，且有花酒不少，殊違馮玉祥先生所標榜之西北軍精神也。

而未幾，段以血壓素高之故，亦辛勞成疾，一病瀕危矣。

陳琢如君之元配，原籍小站，人亦爽快，由丁春膏，林世則諸友家屬之介，向為余之「病人」。曾告余曰：伊女成婚時，馮玉祥先生亦遠道有所餽贈，首附銀行禮券二百元一紙，綴以小簡，大意云：「我的銀行存欵，從來沒有超過五百元過，現在只有四百元。今送上兩位二百元，做為建立新家庭之助，還賸下兩百元給我馮玉祥老夫妻當棺材本。」

此外，更有喜聯一對，措辭尤爲新穎奇突。上聯曰：

小兩口快快活活，千萬別忘老百姓；

下聯曰：

多養兒子好當兵，一定打倒小日本！

馮雖爲陳門兩代上司，而仍不理於陳妻之口，此婦心直口快，原籍保定，故馮賤時之事，均爲其所素稔。伊之子，乳名乖乖者，自幼即爲余所醫護，幸喜健逾常兒，故伊於余極其信重。嘗語余曰：西北軍中之美以美會教士，有一華人于博士者，甚得馮氏夫婦青睞，於是亦盛讚馮夫人李德全熱心會務，仗義疏財。某次天災賑欵，李且慷慨解囊千餘元之巨！故教會中外人均云：「目馮爲赤黨者，大謬矣！彼之赤蓋染自彼熱誠之血也。」

以是，陳妻憫然問：「假若先生若是之貧？而其妻何以若是之富也？」

四十三、土肥原曲意逢迎反日人士

段雨村罹疾後，中醫屢治無效。孔伯華且謂其「數斧伐樹，油乾燈滅」，人力無可挽回。其「南方太太」遂力主延一號稱爲「日醫」之高麗醫生金某，爲之急診。一時針藥併下，病遂不治，而該高麗人實乃一學醫未成之敗類也。雖曾於易簀前，三度出診，仍瞠然未知段究患何病也？

段死後，燕京一小報首倡「日醫毒殺抗日軍人」之說，不旋踵即此呼彼應，滿城風雨，所有與西北軍稍有瓜葛者，雖人病欲死，亦對日醫裹足不前，蓋該小報力稱：「段為西北軍名宿，又富抗日思想，故日醫殺之以儆衆也！」

最可笑者，蕭振瀛、潘毓桂、高凌霨、張璧之流，平日接近日人惟恐不密者，今亦突告失踪，避不敢見日醫之面。余友秋葉醫生語余曰：「日前途經平津公幹之土肥原君，曾於正金大樓與之同席。宴間談及此一傳說，土肥原啞然而笑曰：『此輩報人亦輕視我土肥原者流太甚。欲暗殺，何必假手醫生？余與段素無恩怨，何必殺之？而蕭張潘之流，寵之尤恐不及，天下豈有殺狗之獵人乎？』」

此語余雖未親聞，而深信其必出土肥原之口，蓋此君雖大不理於華夏政壇人物，而日人中稔之者皆悉謂其為一善與華人交之可人兒也。彼於華人中之媚日如蕭潘者，則親而不尊；而於反日者，則敬之諂之。當時，張季鸞在大公報持論頗烈，余聞土肥原每日必讀其社評，且時時轉託華人代向張君力讚：「某日某論高明，即土肥原亦五體投地！」復伺張之壽辰，專差送上特由飛機運來之陝西土產，「秦腔」唱片，以及新自三秦名勝拓來之碑刻，冀博壽翁一哂。張亦親告余曰：送壽禮之名刺上，居然自謙爲「晚土肥原」，其拉攏之苦心，可見一斑。

是時，管翼賢亦以反日言行，見稱於華北讀者中，土肥原每伺機緣，竭力籠絡。余嘗聞人言：土肥原知管妻邵挹芬在大柵欄之「瑞蚨祥」與「東昇祥」，購買皮貨與衣料，遂在兩處各儲銀數百，每值管妻選購畢付賬時，賬房即趨前揖謝曰：「土肥原君已代付久矣，並令轉告：『此乃小意思，務請夫人與管先生賞臉！』」

主「京報」者，爲邵飄萍之遺孀湯修慧，素與西北軍人物，關係密切。馮一敗塗地，伴食金陵後，邵之報仍被視爲馮系喉舌。值京報創刊若干年紀念時，紀念特刊之首頁，赫然有馮之題字曰：

「邵湯修慧女士，你一年到頭，跑來跑去，到底要跑到甚麼地方去呀？」

立意新穎，讀之者咸莫知其何出此言？而京報居然置爲篇首，關係之親密可見。余聞土肥原君每值此紀念刊出版時，必倩人多方化名，登載大幅人事廣告，不計費用。事後付賬時，則由彼以支票一紙，全部付清。而支票下方，則赫然署名曰「土肥原」也。日久年深，湯女士對之，亦不如前此之厭憎矣。

即如無報無勢之文豪如張恨水者，以其嘻笑怒駡頻頻，土肥原亦奉之唯謹。在張以抗日義勇軍故事，寫入其「啼笑姻緣」續集後，更變本加厲，力圖得其好感。張語余：土肥原曾倩人携張著之「春明外史」與「金粉世家」各一部，婉懇「賜予題簽，藉留紀念，以慰景仰大家之忱。」而張固傲骨狂士之流，居然改贈以「啼笑姻緣續集」一本，上題：

「土肥原先生囑贈
作者時旅燕京。」

來人大駭，謂張曰：「君何故欲觸土肥原之怒？今日與此輩爲敵，獨不以妻兒爲慮乎？」

張笑曰：「土肥原有來懇我題簽之雅量，即有任我題何簽，贈何書之雅量。否則，王莽謙恭下士之狀未成，而反爲天下讀書人笑也。」

後，土肥原果又倩人向張致意，力讚其「描寫生動如畫，眞神筆也！」

據聞，當宋哲元爲母慶壽時，土肥原僅餉以阿歷山大大帝時代之歐洲名瓷盆一具，上佈桂圓三斤。事後，宋府只留瓷器，桂圓與一般水菓糖食之處置相同，概由壽堂負責招待員工分潤。不圖竟發現此盆中之桂圓，實皆係金皮而空心者。當時，幸有劉玉書、戈定遠在場監視，當即悉數轉交「宋委員長」。至是，人始大悟：土肥原假以僅贈瓷器一具，桂圓三斤，爲宋母壽也。

土肥原於華人中之翹楚，曲意逢迎，猶不足奇。奇在彼雖不在其地，不在其位，而仍念念不忘，送禮如儀，實難得也。而由此亦可證其志不在小。

四十四、日人侵華之三派

猶憶一日余友丁春膏君招宴，余適患高熱，汗下如雨，本不欲往。而丁兄以在座有一日本外交官，亟需一不卑不抗之翻譯，故力懇余就席。此一外交官，原任天津總領事，與丁君頗爲相得，丁以家貧爲北伐軍在天津日租界建立秘密電台時，此外交官即晝夜加以呵護，數度使其免遭北洋派刺客毒手。惜乎吾於高熱中竟不復記憶彼之姓，僅知其以觸怒少壯派軍人之故，奉調九江總領事。明調暗降，主客黯然。在座者有：李藎臚、溥心畬、林世則、雷嗣尙、稅紹、楊天授、騫寰駒、李萬春、載濤貝勒、孔繁錦（人謂爲至聖先師第七十一代孫。岳騫按：此人曾於民國九年至十六年任隴南鎮守使，封銘威將軍。）……餘則不復記憶矣。能記憶者，皆或先或後，倩余診療視疾者也。

該日本外交官，頗不直於日本少壯派軍人在華所爲，而咨嗟無能爲力。余自愧除醫術外，於政治會無興趣，更乏修養，惟有傾聽他人高談潤論而矣。

此領事牢騷頗大，初猶能自持，於酒酣耳熱中，談鋒愈健，浩然而嘆曰：兩國本豆與萁，今之關係如此，眞可扼腕！臨行時，更與在座者握手久之，黯然曰：「再見何時？尚望多加珍攝，庶仍有重聚一堂之望也。」

後數週，丁春膏君曾偶語余：一晚，二人在花園內假山旁小酌賞月時，該領事曾告丁曰：中日關係之壞，在日本有志於富強者，咸認爲以一貧瘠島國，欲稱王稱霸，勢非有一碩大難撼之墊脚石不可。於是，侵華遂成定局。其於步驟上，亦約畧有三大派之分：一派主併；一派主呑；一派主滅。而外人每混「併派」與「滅派」爲一談，實則誤矣。

「併派」之中堅，泰半係外人日中張牙舞爪最甚者。自該領事觀之，當屬松室、石原、土肥原、坂垣，以致於田代之流。此派主併，故必斤斤較量，以少成多，遂使華方畏之如虎。而所謂「併」者，非視對方爲一形同平等之敵體不可，是故又大違急進者之望，疑其動機不純，目標不明，遂乃到處加以掣肘。

而所謂「呑派」，其口必大張，非至目的物盡入舌上時，不咬不嚼，故外人視之，反認其爲温和。派中多元老份子，自更易掩人耳目。

「滅」派喜以雷霆萬鈞之勢，居高臨下，一舉而殲。短視者遂覺其危險，遠不如「

但求寸進」之「併」派爲甚。其實此派純屬少壯軍人與若干新貴，一朝得勢，中日關係即不可收拾矣。

該領事自謂不屬於任何一派，是故愈益沉淪，非特其個人之不幸，亦兩國關係凶終暴卒之徵也。

領事臨行前，曾與丁君私約：國事苟有天大變化，友情義氣仍存於我汝之間，苟日勝，則彼將置全力呵獲丁君；苟華勝，則丁君將盡全力呵護彼也。約畢，相與唏噓。

嗚呼，亂世知交，直如危巢之卵。天亦太苛，何令其萍水相逢，瀝膽披肝，而又不能令其管鮑之交，全始全終耶？

四十五、何遂事母至孝

一日，何遂宴余等於其燕京居處「慈恩塔」下，此塔仿北海之塔，具體而微，矗立於其花園中，蓋以壽其老母者也。

塔成後，何屢招宴文人與知友，歡讌於下，即席賦詩，印成「慈恩塔唱和集」一冊，分贈故舊。何雖玩世不恭，跡近狂士，而事母至孝至謹，洵如兩人也。

是日，應邀者多至二三十人，且極多顯貴。最奇者，何又事先叮囑各友人，務携其家「千里駒」同來。於是，幼童以至冠弱者，亦達三十人以上。」

宴前，何愼而重之介紹一胡×生君於我輩前。胡貌極淸癯，身材修長，操南方口音，與何之妻兄陳元伯狀極親密。據何稱：胡乃民國元勛輩中人，今已忘懷於絢爛矣。適作此地之遊，經何力請，乃允於人前稍示絕技。蓋胡自民初後，即以善辨人之忠奸榮辱窮通，載譽於友輩中也。

而胡之看相方法極奇，絕爲在座者前所未聞者。蓋初則捫面骨，繼則捫肩胛，而終之以察視生殖器官！是故，一生相男而不相女也。

方其看相時，於宴席旁設一小桌，而此輩顯貴與其「千金之子」，則絡繹而前，脫衣解袴，有如檢查身體者然。余睹狀忍俊不禁者屢，初猶以爲何遂玩世弄俗，故以此舉，以謔富貴中人者。而陳元伯正色告余曰：二十年來，胡之辨人窮通，無不據此，且有奇效焉。

余雖未倩胡看相，而頗以得一「民國元勛」墨寶爲快，遂倩何代爲說項。何亦立命其傭人持一斑竹骨之扇至，胡不假思索，即爲題一詩曰：

志在攘夷願未酬，七月苗格德難侔，
足跟踏破山雲路，眼底空懸海月秋。

意馬不辭天地濶，心猿常與古今愁，

世間誰是英雄輩，徒使企予嘆白頭！

字近瘦金體，而落欵時龍飛鳳舞，姓名幾不可辨。其詩出自何代何人？雖富文學根柢如何遂者，亦沉吟莫知所答。

四十六、李作濱文采飛揚

後數月，余偶問教於燕京名詩人李作濱（藹廬）。李思索久之，霍然曰：「余得之矣，此乃太平天國玕王就逮後之題獄壁詩也！」

李君文采飛揚，與溥心畬、福開森、張恨水、雷嗣尙、傅增湘等常相與詩酒往還。時，有所謂「辛未年庚者」之一聯誼會，在各報以重價徵求首掀辛未二字之對聯。在上聯曰：

「辛苦得來，可大可久。」

久久，應徵者中無愜人意者。旋李君於小實報上，揭一下聯曰：

「未雨旣足，且耕且耘。」

一時掌聲雷動，李之文名遂更噪於人口矣。自經李告以題扇詩之出處後，余於此扇益加珍視。獨惜下欵太草耳。而胡君亦以狂狷遇世，非特出語時，嘻笑怒罵中，雜以參禪之詞；且在揮毫後，遍覓私章不得，乃以右姆指紋，按之於下。在題扇中，確屬一別開生面之事。

不圖於數月後，余復以何君之介，得識一更無與倫比之狂士。此君胡姓，名鼎銘，貴州人，行八，故於朋輩中號「胡八爺」。其人瞿矮，而目如銅鈴，又患高度近視，面如黃蠟然。而聲如裂帛，一語輒四座皆驚，又雄於酒，非數斤不醉，醉輒大嘔，嘔畢復狂飲。嗜酒如是者，余所見人中，惟雷嗣尙耳。

胡八爺嘗不得志於科舉，而詩書琴棋，無一不佳，雖遊幕爲生，而極鄙官場顯貴。在周西成幕中時，頗受禮遇。周敗後，王家烈招之入幕，亦以賓禮待之。一日，王囑胡屬稿，忘以「胡八爺」稱之，而當衆率呼之爲「鼎銘」，胡擲筆而起曰：「我的上下，只有我家老太爺才能叫！」說罷立即襆被而去。北來燕京，初極潦倒，日惟醉臥而已。後與李作濱結文字緣，得李之介，幾於夕夕爲中外文友之座上客。而胡之舌利如刀，臧否人物，嘗絲毫不留餘地，聞者大快，而受者恨之刺骨矣。

四十七、王克敏斷袖分桃

一日，王克敏，葉恭綽等亦在座，而主人則爲福開森。宴間賓主甚歡，王忽出一小照，遍示座中人。照上王、葉之外，復有一二皖系巨子，而側立者則馳譽劇壇之一「博士」也。照旁復有人之題詠數則。不意胡睹此照後，忽仰天高聲讚曰：

「此眞龜兎同籠也。」

王聞之大恚，佯顧左右而言他，在座者亦聞之大窘，獨張恨水舉杯爲胡壽曰：

「胡八爺此語，當浮一大白！」

「博士」之「分桃」嫌，固素爲人所知。而王之「紅杏出牆」，則亦向爲士人所不齒也。蓋王於曹錕時代，屢圖東山再起，遂不惜結納曹之寵臣李彥青處長。甚至於其私宅後園，中夜設宴，命其寵姬侍酒，而王輒故廻避。李本一鄙駑之人，遂於曹前大爲王活動焉。

人雖不直王之所爲，而當面譏之者，當以胡爲第一人。胡雖向在南方，能於北洋政客穢聞，洞悉若是，亦可驚也。

此事余聞諸管翼賢，蓋管於席上目睹胡之作風後，即決以之介紹於何遂，並笑謂胡曰：「吾今眞爲君於此古城中，覓得一天涯知己矣！」

四十八、胡八爺狂狷耿介

時，張恨水、李蘧廬、管翼賢，均以胡之生計爲慮，廣爲張羅，介於何後，又介之於宋哲元之「文膽」雷嗣尙，亦即西北軍中號爲「三湘才子」也。復以胡爲黔人故，介之於余友丁春膏君，何丁二君復介之於余，自是，何雷丁三人，均月致胡所謂「資酒」各數十元，月得二百之數。胡於詩酒雅集中之唱和吟詠，亦均由小實報發表，致酬特優。余聞訊之初，亦欲參加贊助，殊李蘧廬甫經啓口，胡即勃然而起曰：「余雖典褲，不屑以日本錢沽酒也！倘矢大夫有慨助之意，即請以胡八之名，捐贈東北之義勇軍可也。」

其人之耿介，於此可見。一夕，饒孟任邀宴，饒爲北洋時代司法界名宿，進而從政，爲部次長，涉身於民初一「大案」中。後雖鋒芒斬斂，而極具呼風喚雨之功，交遊者亦三教九流，無所不具。是夕，余所素稔之友人，多在座，而「胡八爺」適在余側。閒談中，余偶詢及：「外人如我者，每感漢文典籍，浩如淵海，未知目前當以先讀何書爲宜？」

胡欣然對曰：「吾當爲先生擇購一二，容日送達府上。」

越二日，胡果悠悠然而至，贈余書一函，謝而視之，則戚繼光之「紀效新書」也。

胡稔余既久，疑漸銷，遂亦常來小坐，對飲白蘭地。一日，風沙頗厲，胡時已微醺，自云起床未久，已擁被盡黃酒一斤矣。

胡身御一裘，而長及於地。詢之乃出自丁君所贈，尙未有暇倩縫工改短也。是故，移步時，必將袍撩起，絕似京劇中「撩袍端帶」之狀。而胡且飲且顫，有如不勝其寒者。余怪而問之，始知其體着裘，裘下固一絲未掛。胡且謂余曰：「身上猶可，最難耐者，爲吾之雙足。先生處既爲診所，何令地氣一寒如是？語未畢，忽又驚呼曰：『噫，我知矣！我來倉促，固未著履也！』」其不拘小節，有如是者。

胡固善相術，尤善於溫酒中，投無頭火柴三五枚，以卜吉凶順厄。余雖未倩其談相，而何遂與李蘧廬告余曰：胡每談，輒多中。一夕，雷嗣尙邀宴，在座者除余所夙稔之數人，以及常小川，林世則外，尙有主持冀察方面中日經濟合作之張允榮。張爲西北軍中元老之一，被馮玉祥信任之程度，遠在一般將領之上，故爲馮嫡系中之嫡系。自與日人兒玉共同負責「經濟提攜」後，趾高氣揚，炙手可熱。

胡爲座中二三人看相後，張亦力請一看。睹胡之狀，似頗輕其人，僅寥寥數語，即住口不言。張又力請之，且語中多「激將」之詞，復傲然謂胡曰：「先生適間所言者，識我者皆知之久矣。先生亦能畧述一二未爲人所習知者乎？」

胡不語之久，忽以手指枱上茶壺，高聲曰：「奇怪，奇怪！好大一個茶壺！」語未竟，而張已滿面通紅，林常諸人，亦均大驚失色。雷嗣尚等急亂以他語而罷。事後，余始知張允榮微時，曾于役數月於樂戶中，雖非眞操「大茶壺」之業，固屬「大茶壺」之流也。

四十九、張季鸞金漆馬蓋桶

余所引爲異者，胡即對清流如張季鸞者，興來時亦不稍有假借。一日，張自南方北返，作二三日之遊，余輩歡宴之於豐澤園。酒酣耳熱之際，胡忽顧張而嘆曰：「君有巨筆如椽，固今之班馬也；奈何甘爲『金漆馬桶蓋乎？』」時，大公報之言論，已漸非昔日劍拔弩張之狀，而於國策新猷，每多袒護，故胡君乃有此語。

張聞之愕然，而旋即大笑曰：「胡八爺，君眞知我者也！」

張亦達人，毫未介懷。且自是每屆北來時，以電話邀張恨水與余出遊之際，即欣然曰：『此金漆馬桶蓋』也。盍與吾小飲數盃乎？」

一夕，於「胡同」中，一雛妓素不識張，乃把臂求問姓名。張乃以濃重之陝西口音答曰：「我名金漆馬桶蓋。」

妓大詫曰：「人名皆止二三字而已，豈有五字者哉？」

張佯爲正色告之曰：「吾國人名，皆四五字者。卿不知我爲日本人乎？」

言畢，顧余大笑，張恨水則幾笑至滿床亂滾矣。

季鸞爲人之詼諧若是，其可愛之處亦若是。讀其文者，覺其義正辭嚴，必屬道貌岸然，而實則不然。嘗聞彼與王芸生以筆戰始，而以「天水關」終。蓋報界中人愛季鸞者，固遠較憎之者爲多，王君則反是。且王雖亦健筆馳譽報壇，而較諸季鸞，則猶以楊度之政論，方之梁啓超也。張既於王，提携不遺餘力，亦若武鄉侯之優遇姜伯約。而姜之不能望諸葛之項背，殆成定論。

以余所知：季鸞於公固極重王，而私衷則不盡如此。猶憶季鸞嘗於微醺後，語吾輩曰：「王之可貴，在其好戰，敢戰，耐戰。惟覺荆軻氣太足耳。」

意在王之爲戰，恃其氣而不恃其技，每戰必以氣勝也。

報人既以姜伯約目王，而自擬於鍾會與鄧艾者，更大有人在。故王之能在大公報一枝獨秀，實有賴於胡政之特具青睞，胡又於吳鼎昌之前，時出讚王之語，故一時有以扈三娘諷季鸞，而以王矮虎諷王者。蓋矮虎雖爲三娘所擒，而須臾之間，反成座上嬌客，頗呈喧賓奪主之象也。

季鸞爲一達人，且其聲望之隆，叫座之力，固非後者所可比擬，故亦從不以此種謔嘲爲意。而諷之者更從未敢當面言之，惟一例外，僅狂狷之胡八爺耳。

五十、胡八爺胡鬧致死

胡以恃才使氣，樹敵頗衆。一日，於大醉後，忽往豐台，探訪所謂「黑窟」。「黑窟」者，不肖日人與朝鮮人所經營之「烟館」也。經理其事者，多爲華人。朝鮮人則斜戴鴨舌帽，散立門旁，以爲掩護，使警察有所忌憚，不敢掩捕烟客。日人或爲館主，或爲股東，不費彈指之勞，只待分肥而已。

「黑窟」中之烟客，晝夜滿坑滿谷，男女不分，吞雲吐霧於陋室之中，破蓆之上，雖傾家蕩產，鬻女典妻，在所不辭。此輩經營「黑窟」之日人，誠屬罪大惡極，辱國害人，今日言念及此，猶有餘憤。

胡既入其「窟」，大憎烟客自暴自棄之態，思有以戒之，乃發奇想，大聲咳嗽，以濃痰左右開弓，隨口唾之，隣近者畏其痰如雨下，稍稍退後，胡以爲得計，節節進逼，大有不逐此輩出烟館不休之勢。而席上烟客亦極頑強，左閃右避，不肯起身，胡怒其冥頑不靈，竟向壁上與低垂之天花板上，亦以痰彈射之，使痰做鐘乳之狀，蜿蜒垂垂而下，故烟客大噪，朝鮮「鏢師」亦蜂擁而入，一時拳脚交加，胡亦駡不絕口，須臾間，即爲衆鏢師曳去館外，而次晨其屍即在豐台外里許之火車軌道間爲人發現，且已先遭火車輾過矣。

實報記者初僅以「無名男屍」揭載。旋胡之友輩如管、何、丁等均紛覓胡不得，料其必有意外，後乃發現此死者即胡也。管翼賢遣幹練訪員二人，往豐台暗查胡之死因，遂眞相大白，蓋豐台「黑窟」雖多，而胡之異行已風傳各處矣。

管初擬於報上對此罪行，大加撻伐，後又突以不了了之。聞係雷嗣尚諫之曰：「日人正百端藉口肇事，一登報，則事必擴大，徒授日人以柄也。倘不以我言爲然，盍不先詢秦紹文乎？」

秦果力諫管勿登報，其事遂寢。

五十一、段雨村酒後論英雄

秦紹文與余有數面之雅，其人洵洵然，大異於西北軍中習見之赳赳武夫。猶憶一日徐源泉乘過津之便，來作萬壽山一日遊。是夕，其鄉雨謝振紀監督，歡宴之於慶林春。謝豪於資，豪於飲食，亦豪於風月，故能友結四方，到處逢緣。當時在座者中有老西北軍之李鳴鐘，段雨村，李筱帆；晉軍之濮紹戡，老奉軍之萬福麟，以及王正廷，管翼賢，呂志民等。謝爲余之「忠實病人」，無論有病無病，每三四日即一來。蓋其生活殊違常規，縱情歡樂之餘，又未嘗不時以病爲憂也。是故，余是夕亦叨陪末座。

徐爲舊直魯軍中大將，北伐期間，曾與西北軍及晉軍大戰。昔日死敵，今日良友，世間事固當如是。故席間賓主盡歡，逸興遄飛，所談者又以舊事與舊人新事爲最多。言偶及近代人物之臧否，段雨村伏櫪老馬之口吻，醉後喟然嘆曰：

「華北目前之關鍵人物，實僅宋明軒與秦紹文二君也。秦之於宋，猶鹿瑞伯之於馮先生。外似奉命惟謹而行，實則事事先得君心。此二人之所以非嫡系而能被重用也。秦鹿之流，爲最理想之羽翼人材，外方而內圓，故不爲其主所忌，亦不爲外人所憎。以其外方，故其主所不能爲者，彼可爲之，而外人亦曲爲之諒，而不疑有他。以其內圓，故其主始終信之重之，而不患其有坐大之慮也。」

西北軍中人，於鹿瑞伯有微詞者，十居八九，余與鹿亦有數面之緣，覺其狀若樸直而城府實深，矯揉造作之苦，與馮煥章先生如出一轍。余於王鐵珊君雖僅有一宴之雅，而於其「做工」，已有深刻印象，而深覺鹿王二人之作風，實有異曲同工之妙。鹿武王文。誠馮之幸事，苟二人同行，則勢必不兩立矣。馮之遇此二人獨厚，蓋在欣賞其「做工」乎？

與段相較，李鳴鐘而當屬於「訥訥」之流。其人出語不多，而語不中的，諒亦自知，故每於段侃侃而談時，頻頻點首曰：「對，對！這是你老大哥說的！」

乍聞之下，殊令人生無從捉摸之感。段於是夕，感慨殊多，而酒量素宏，故言無所忌，大快座中朵頤。彼復謂：「馮先生出身寒微，以「戰將」脫穎而出。故始終於能戰之將，愛之而不重之，視之如匹夫焉。而獨於慣做「儒將」之狀者，既愛而且重之。此所以鹿瑞伯之能一枝獨秀也。宋明軒雖年來自樹一幟，而以封疆重寄之尊，儼然以老西北軍之大哥自視。而於其用人行事，又多向馮亦步亦趨，是故秦紹文之得以躍居副魁也。」

厥後，李筱帆亦牢騷大發，而與段此唱彼和。此二人認爲：當今之世，馮先生有識人之能，蔣先生有用人之量，閻先生有留人之技。一人能三者獨兼，則天下必矣！馮先生有識人之能，故能用鹿瑞伯爲爪牙，補其不足；蔣先生有用人之量，故能以何劉顧之流，充關張趙雲之數，而始終不黜之去之；閻先生有留人之技，故能使舊部不叛，而徐永昌等，竟歸附不去。

余聞此語，陡憶數月前，正金大樓席間，木田君宴松室孝良時，松室對當時中國風雲人物之評論。

五十二、「中國土肥原」徐元德

松室孝良君，嘗任西北軍之客卿有年，於馮煥章之認識，頗異常人，而其人於中國文物，亦有其獨特之見地。彼常以十六字評馮之爲人云：

「見名忘義，合久必分，

練精用拙，視將如弁。」

前四字論其處世之道，次四字譏其反覆，再次三字譏其善練兵而不善用兵，而末四字則諷其「愛將」不足也。

此語亦與土肥原君在華北駐屯軍任職時，一夕醉後對馮之月旦評，有異曲同工之妙。彼謂：「馮雖善練兵，但以用兵論，僅爲一聯隊長之材矣。其實，今日華軍中身綰虎符，統師數萬者，十有八九，較馮且尤等而下之，能指揮裕如之範圍，鮮有超出千餘人者。中國無大將材，此乃他日中日戰爭時華軍最大弱點之一，亦爲日軍可始終保持優勢之一大保證。」

語及土肥原，輒令余於無意中憶及另一「中國土肥原」。此君爲晉軍大將徐永昌之子，年逾弱冠，表字「元德」，銜父命赴金陵就讀中央軍校，途經故都時，閻百川之機要秘書濮紹戡方銜賈景德之命，有所商洽於宋秦，濮本徐之幕僚，故特爲其少主洗塵於慶林春飯莊，余亦在座焉。元德矗黑魁梧，糾糾之貌，溢於言表，應對時極爲木訥，自道時輒其味津津，席間，頗遺笑料。宴後辭去，濮紹戡顧其背而嘆曰：「此君不愧爲『中國土肥原』也！」

余初不解其意，見此徐君後，不禁啞然失笑，濮紹戡謂之曰：「君甫離山西閉塞之地，土頭土腦，斯之謂『土』；君年十八，而體重一百五十磅，斯之謂『肥』；君之面團團，極具福相，將來軍校畢業後，必爲一『福將』，斯之謂『圓』。

是故，余擬以『土肥圓』一名贈君，以爲雅者。」

徐固魯，而懶聞時事，故於「土肥原」其人者，居然一無所知。竟對此一綽號，欣然受之。每遇他人以「土肥圓」呼之者，亦聞聲而應，至是，戚友鄰人遂以「中國土肥原」名之矣。

所謂元戎者，有子若是，令人一嘆。此君雖未黯世事，而以有父位列上將之故，不久居然以入軍官外語訓練班矣。

五十三、晉軍諸將之譯名

濮紹戡君雖籍隸江蘇儀徵，而久爲閻百川之夾袋中人物，信任之篤，猶逾晉人。不圖未幾即忽患神經失常症，時復時發，遂由閻之機要，轉任徐之首席客卿，不時奔走於山西與南京之間。

濮君於山西政要之軼聞，了若指掌，嘗語余曰：「晉軍翹楚中之商震，處世圓滑，善炫善耀之術，實遠在善戰之上。故一向有『琉璃蛋』之稱。其新夫人楊氏，作風頗似李德全，而精幹善賈，二人相得益彰，亦大觸山西當道之忌。故商雖發軔山西，而終乃見大用於異域也。又有李培基者，亦以能戰稱，而每戰輒鮮有不敗者。復酷嗜聲色，非有裙光釵影不樂。諂之者每比之於明朝名將常遇春，蓋常如一夕獨寢，則奇痛如裂也。閻百川暗組『長老會』，其心腹皆爭先列名。惟於入會時須歃血爲盟，又須向閻叩首，一如幫會中收徒弟狀。

李入會之前夕，適納一新侍妾，李媚之特甚，繾綣終夕，新寵之柳腰，竟爲之折。凌晨即急召太原之外籍西醫出診，迅施急救。李雖驅車趕赴入會儀式，已遲到矣。詎之者遂贈之以聯曰：

『今晨大將三叩首，

昨宵小妾五折腰。』

閻之愛將如王靖國，楊愛源，孫楚，傅作義，趙承綬之流，晉人對之亦頗有微詞，好事者常戲改其名為『王驚國』，『楊愛袁』（「袁大頭」也），『孫粗』，『傅作揖』，『趙成溲』，亦云謔之至矣。

山西宿將孔繁蔚，在晉軍中以「能戰」稱。一夕曾於故都語報界記者曰：『來此時，路過廊坊，楊村，所見者唯飢民與瓦礫而已。』不圖孔竟將『瓦礫』，誤讀為『瓦藥』之音。而該記者不諳晉語，遂因誤成訛，秉筆直書曰：『……孔氏沿途所見者，唯飢民挖藥而已！』從此，晉中之惡作劇者，遂呼孔為『挖藥總指揮矣。』

濮君狂疾，既時愈時發，雖頻來余診所求助，余亦以非我所長，愛莫能助。未幾，彼遂向徐永昌荐其妹丈陳延暉以自代。陳為丁寶楨幼女之孫，乃吾摯友丁春膏君之表弟也。其先世本係鹽商，為江蘇揚州之首望。自與丁督攀親後，子弟始大有書香氣也，非復當年「言必及利」之概矣。

一日，陳返燕京，丁爲之設宴洗塵，除張季鸞，李筱帆，李鴻文，孫奐崙，濮紹戡，邵湯修慧，袁良，丁道周等外，余亦在座。席間，張忽笑詢余曰：「君亦願聞所謂做官十訣歌乎？」余願聞其詳，張即就席上殘紙書：

「一筆好字，二撇小鬍，
三斤酒量，四季衣裳，
五官並用，六親不認，
七竅不通，八面玲瓏，
九尾仙狐，十寸臉皮。」

書甫畢，舉座莞爾，咸謂「雖徐文長未能過之也。」

五十四、孫承烈仗義安貧

一日，有上海友人蘇景岐律師，偕其妻王夫人，以及一精神矍灼之孫姓老人，來余處曰：「有一關外富賈，現居東交民巷中，擬請先生前往一診，診金多寡在所不計也。」

余在滬頗有薄產數事，登記手續泰半均爲此蘇律師所代理。其家本屬漢軍旗，世爲武將，其父曾任杭州都統，鼎革後仰藥殉清。家人深懼漢族尋仇，遂異其姓爲蘇焉。久居上海，其妹適丁文誠公之九曾孫，即余至友丁春膏君之胞弟也，故余與蘇律師亦有通家之好。

蘇妻王夫人，爲王文韶之嫡孫，又係清內務府大臣金梁之甥女。於京中遺老，盡有攀識之雅。陳寶琛太傅，亦以「故人之女」視之。

與伊偕來之孫姓老人，爲天橋「尚武國醫館」主人，年逾七十而聲音若洪鐘，腰挺腿健，目光如炬，交談時頻頻以手向空作探物狀，蓋刻刻不忘於複習其「鷹爪功」也。王夫人呼之爲「孫師傅」，余思有以欵待之，王笑曰：「但得『二鍋頭』半斤，『狗不理』數十，『醬肘花』半斤，足矣！」

余急飭司機往購。孫果豪邁逾常人，自云籍隸山東德州，世精技擊，家傳之「黑虎拳」，名震京畿，世營之鏢局，亦北至關外，南至蘇皖，無有敢犯其鏢旗者。有人言之於榮祿，力挽其致志功名，又力荐之於內廷，屢建功績，遂累遷爲御前帶刀侍衛，亦四品命官也。

孫感「老佛爺」知遇，鼎革後雖屢有權貴軍閥，邀其出山，授徒傳藝，輒婉拒之。

唯恃以「金創藥」、「大力丸」，「虎骨酒」糊口。而仗義疏財如昔，喜抱不平，有貧民與病丐，死而無棺者，每典其刀矛衣物以葬之。

孫翁名承烈，有弟名承祿，善作斗方字，京中市肆匾額，出其腕下者，幾逾泰半。其字平穩圓渾，可以想見其性格，必與乃兄迥異也。

後數日，余邂逅管翼賢於來今雨軒，偶及孫翁，管矍然曰：「數十年前，此翁固一風頭人物也。君亦知晚清之京畿巨盜康小八乎？孫與其友二人，即生擒康以獻者也。即佞人如李蓮英者，亦深致其驚佩之忱，居然顧而笑曰：「你小子眞成了個黃天霸啦！」

管亦告余：孫以豪邁安貧著稱，雖屢有文人，媚辭厚幣，欲與談天寶舊事，輒遜謝之，除感「老佛爺」知遇外，言不及他。友輩中，惟張恨水與之有促膝談心之雅，然亦約法三章：語中所及，概不足爲外人道也。

余聞之，怦然心動，節操與仗義如此翁者，其非武士道之準則乎？余必竭盡棉薄，以能爲其友，爲榮爲樂。管聞余言後，默然有頃曰：「吾國有言：人與人交，恆視緣份：無緣，自不可強其所難；茍有緣，則豪邁如此翁者，亦絕非不情之人也！」

余乃退而商之於王夫人，丐其預爲先容，王笑頷之。余乃每二日倩司機送往天橋「二鍋頭」，「醬肘花」各半斤，「狗不理」三十只，以佐孫翁逸興。孫弗拒亦弗言謝，浸爲數週。

王夫人於介孫與余相識之次日，即重申前請，欲挽余出診於東交民巷，蓋關外一富賈，急欲余爲之望聞問切也。余以事不尋常，遂偕往。王夫人爲余介紹之後，即匆匆離去。

五十五、德王評日人

此一富賈，面黑而圓，體豐而壯，年可三十餘，一望而知其爲嫻於戶外運動者也，舉止溫文而略含傲岸，語中夾京片子頗多，而頭戴一綴紅珠之瓜皮小帽。自言塞外素缺良醫，故欲以羅疾相煩。余診視良久，復飭護士取其血漿與便溺而歸。

如是者精心診視凡三日，此一自稱爲「全福成」之富賈，亦對余之醫德醫術，信心漸深，乃於言詞間逐漸透露，使其終日憂心忡忡者，實非多疑、憂鬱、煩燥、易醒、易怒等諸「症狀」，而爲若干涉及私人生活之反常現象。余告以疾不諱醫，倘不以實告我，我非神仙，豈有望氣療疾之術乎？

全君惴惴告以症狀，並謂：「世居科爾沁旗草原，有羊數萬頭，苟能療我，當有重謝，惟我家冗務頻繁，實未能在此久留也。」

後經我反復推敲，斷其患有神經性之「機能間歇」。此外復有一奇特之敏感症，即每有遐思，每見美色，每聞穢語，或每值雙宿雙飛，即突然噴嚏不休，非至三二十嚏不已。

我除以德國特效藥與之注射外，更力加開導，解釋此「機能間歇」僅係神經作用，不足爲大患也。

一日，全君忽出巨柬一，內纍纍然皆大鈔也。惋然謂余曰：「吾明日行矣，家有要事，不能待也。今晚請宴先生於王家飯店可乎？」

至則孔伯華，王夫人，孫師傅亦均在座，我爲之大詫。此四人則均微笑不已。酒既一巡，全君始向我致歉曰：「今夕一別，後會難期，君實一君子人，故吾亦不願相欺。全福成乃一化名，吾之眞名，乃蒙古德穆楚克棟魯也。王夫人爲吾妹之姻親，知吾來此訪求良醫，遂以先生荐余。孔大夫曾屢爲家母、舍妹療疾，吾家之良友也。孫君之金創藥酒，向以綏察蒙古爲出口大宗，故與我亦舊識也。吾在塞外求醫，非漢即日，深慮外洩，故特撥冗簡從來此一遊耳」。

至是，余始知此一「富賈」實乃於塞外翻雲覆雨之德王也。席間，彼之意興極豪，酒酣耳熱，於日人之作爲言行，頗有微詞。頻告余曰：「余於日人，閱之者多矣，軍官顧問，車載斗量，眞識時務者，實如鳳毛麟角。餘則或張牙舞爪，目中無人，或卑恭做態，腹空無物。先生懸壺濟世，以此處爲家，尙望好自爲之，勿蹈此輩小人覆轍。」

孔伯華深恐余過份尷尬，無法下台，乃蹴余足而笑曰：「前些天王爺剛才丟了百靈廟，火氣有點特別大！」

德王聞言，益增憤慨，頻謂察北之「自治軍」，數逾二萬，益以李守信之「滿蒙征綏軍」，卓世海之「蒙古征綏軍」，亦有二萬之數，徒以日人一誤再誤之故，竟敗於傅作義孤軍之手！「蒙古復興之雄圖」，自是亦成泡影。百年之後，世人當知：「蒙人未負日人，而日人實負蒙人」也。

余以德王愈言愈憤，勢恐不可收拾，遂轉移話題而問之曰：「王爺來此，雖化名喬裝，貴處之日友，得無有所聞乎？」

德王笑曰：「那他們還有不知道的？好在是一過了地界，就進了駐屯軍的範圍，他們想管也管不大着了！」

其意若曰，塞外與華北之日人，亦軒輊分明，不相統屬，甚或互相掣肘也。惟於土肥原君，彼似頗具好感。初則謂：「他懂，他有一套。」繼則謂：「這人喜歡交友，也夠朋友。」

此語聞諸華人叱咤風雲者之口，已非首次。而舉國婦孺則一聞其名，即罵不絕口。此君其善獲中國人心者乎？抑或善與中國人成仇者耶？余實感大惑不解也。

宴畢，德王復贈余一玉珮，云爲宮中舊物，出自漢墓，佩之可以避邪。余即以胸前所佩之派克筆一對回贈之。

余驅車送孔，王，孫三人返寓。途中始悉：德王在此時，除隨扈人員外，尚煩孫翁及其高足三人，駐防警衛，以防不虞，故適間乃有「四品侍衛」之孫，與王爺同桌共飯也。

孔固富風趣，於車中告余：德王初來時，於日人之火氣較今尤大。曾與孔一夕宴後漫談，痛詆日人顧問中之所謂「中國通」者，既無知，更不文，實屬成事不足，敗事有餘。李守信部尹寶山騎兵師有一日本之「中國通」，名村井其人者，號稱在華三十年，爲同儕中之「漢文能手」。百靈廟之役，村井請纓赴前敵，並留「月夜感懷七絕」一首誌別。讀其詩，則知此輩「中國通」之眞正不通矣。詩曰：

「瑞雪頻傳陽春聲，察省東邊未見紅，倚杖矢立於月下，皋丸爲縮蒙古風。」

余聞其言，亦覺忍俊不禁。歸後，遂以此妙文轉告管翼賢。管聞之大笑，幾擲電話於地。遂大加渲染，次日「實報」上遂稱：「華軍於衝入百靈廟時，案上杯酒猶温，而尸骸滿地，此一詩尚赫然置諸案頭，審視之，乃蒙軍中日人首席顧問中彈前之作」云云。

此後尚有通訊社與外埠報紙轉載此一傳奇，而渲染更甚，甚至有刊載所謂原詩之「眞跡照片」者。甚矣，文人筆墨之不可信也。

王夫人南旋之前，爲余紹介遺老以至皇親，幾逾二三十人，恒在北海仿膳，除鷄鴨魚肉外，「小窩頭」，「小米粥」，「肉末燒餅」，「綠豆渣」，「豌豆黃」，「山渣糕」，「千層糕」等，亦均在必有之列，蓋皆爲慈禧當年所嗜之物，非如此不足以發遺老思古之幽情也。

尤可怪者，食時且有黃舊而奇小之叉，隨碟而來，自亦係慈禧舊物。諸遺老顧而樂之，不舉筷而用叉，惟亦只待此數碟食盡，即紛紛投叉就筷矣。

五十六、準遺老羣像

余所識之遺老中，雖云人才濟濟，而亦令人有魚龍混雜之感。前門外大柵欄有成衣業之巨子，名「段裁縫」者，素爲皇親國戚及大官巨賈製裝。「滿洲國」之顯貴，治裝時亦幾非段不樂。於是，段遂於社交生活中，儼然一「遺老」矣。而「段裁縫」之稱，則一仍舊貫也。

尚有「趙五辮子」者，曾於鼎革至復辟期間，以經營假髮辮而致富，馮玉祥入京後，雖對它店「秋毫無犯」，而獨闢趙店飼馬數日，並欲藉故置趙五於軍法，趙聞警逸去，乃得免，自是亦自躋於「遺老」之羣，而爲遺老所不齒，乃力圖以「爭先會賬」，博羣老之歡心。每有「雅集」，即百般丐人携之赴會。一日，竟有一遺老惡其傖態過甚，面斥之曰：「吾儕均有辮在，絕無需假髮辮者，汝一介辮販，來此何爲？」

趙五尷尬萬狀，無言可對，乃逡巡而退。

此輩「準遺老」中，予余印象最深者，厥爲一西城營造商石某。其人短小精悍，貌似忠厚，恒衣灰布長衫一襲，與遺老宴集時，則加一劣質之黑馬褂於其上。彼雖自諸遺老處，得贈扇面不計其數，而夏日所持者，例爲一巨大無朋之黑色摺扇，有如京劇中之費德公與高登然。其人沉默寡言，有時甚至終席不出一語。而對諸遺老必恭必敬，必慷必慨，頗得人之歡心，不似趙五之「暴發戶氣」十足也。

其父素爲泥瓦匠，庚子後，翻修京城內一王府，發現藏金多甌，房主德之，贈以少許，遂立成小康之局，且可自營營造廠焉。京中顯貴，咸以其有「招財進寶」之機運，凡有所修繕，必爭先用之。石繼父業之後，人緣更佳，又復仗義疏財，揮金如土，即「

大內活」亦屢出其手。「大內活」者，宮中之修繕也，獲利例與內務府及宮庭內監均分，實際工料所需，尚不及其半。一年，三大殿一帶，有宮室易梁換柱之事，實即有石某插手其間。事後，其廠中有楠木源源應市，盡爲傢俱廠與壽材店，高價購去，得利何止十倍？

於時末路王孫與遺老之生計，日趨困頓，鬻園典屋以求活者，與日俱增。以「石掌櫃」多識新貴，咸囑其代爲物色購主。石一經審視後，立付屋價少許，以爲屋主渡日之需，然後徐覓購主。沒落世家多以是德之。

石又爲華北「幫會」中巨子，其輩份僅在山東王若瑟之下，而與張樹聲輩相侔。故一時顯要與軍閥政客，亦頗多折節相交者。如張宗昌，褚玉璞，胡毓坤，榮臻，楊清臣，孫殿英，徐源泉等，均頗稔其人。最可怪者，張宗昌於大勢已去之後，每以「清室遺忠」自況自許，而最初爲其溝通「直魯聯軍」與遜清之關係者，居然乃此無一「頂戴功名」之「石掌櫃」。

先是，石以心臟病瀕危，爲余所治癒，遂饋贈連連，幾無虛日，每至輒曰：「先生恩同再造，雖傾家蕩產，赴湯蹈火，不足報也。」

余殊不欲無功受祿，每有所贈，輒邀之小酌，聊充回敬。久而久之，石竟大異常態，每與余獨對時，幾至無所不談，言無不盡。

石告余曰：遺老深惡「民國」與「大總統」等字樣。故常在文字中訛之爲「氓國」，「冥國」暨「大忡恫」等唐突之詞。亦云謔矣。

石之談吐，亦絕似遺老，稱清爲「大淸」；宣統爲「上頭」或「上邊」；對諸遺老則悉用舊時官銜，「某制軍」，「某相國」，「某太傅」，「某撫台」，「某王爺」，「某貝子」，……而當其只稱「王爺」時，則係單指攝政王而言。於袁項城，段合肥，則直呼其名爲「老袁」，「老段」，非所以示其親暱，適足以示其憎惡之感也。

日既久，余再三固請之，石乃稍與言「幫」中事。余始悉「幫」中秘語，謂之「海底」。「幫」中人謂之「老大」。已入幫與否，謂之「老大在家嗎」？「輩份高低」，謂之「第幾柱香」？姓名謂之「在家姓某，出外姓某」。……凡「幫」中人，雖鞠躬與敬茶之微，亦標新立異，與衆不同。石以常與遺老遊，言談舉止，均頗少江湖氣息。

五十七、褚玉璞之殘暴

石又頗稔直魯聯軍副總司令褚玉璞，嘗告余：褚每喜親臨前線，裸其上身，軍裝僅扣最上方之一鈕，一手執紅綾大砍刀，一手握駁壳槍，坐於椅上督戰，其側即立一上尉階級，面貌雄武之軍官，懷抱一綉有「令」字之軍令旗，後列所謂「督戰隊」，各執紅綠綢綾之鬼頭刀。遇有退者，或攻而不克者，此一「褚歪頰子」，即回顧督戰隊曰：

「給他亮亮！」

「亮亮」者，「透空氣」也，出於褚之口，即爲斬首之令。有時，褚尚悠然曰：

「讓他給咱聽聽電話！」

意即懸其首於電桿之上，以警衆也。

是故，其部驃悍能戰，蓋人人畏敵彈尚遠不如畏褚之鬼頭刀之甚也。

褚更常召其部將至「督戰椅」前曰：「今天太陽下山以前，你把那個山頭給咱拿下來。拿不下來，你就是個舅子！」

倘逾時仍未克，褚即在電話中斥之：「咱×你姥姥！咱×你歸了包錐的祖宗！你給咱拿下那個山頭來！」

五十八、龐炳勛之靂

當是時也，華北風雲日益險惡，日方劍拔弩張，華北亦處處秣馬厲兵，是故總領師干者，一時悉成天之驕子。區區一師長之家，即儼若侯門，笙歌麻將，夜無虛夕，趨奉於其門下，以能充「清客」爲幸者，即不乏昔日之總長、總裁、總辦、督軍、督辦……。至於貴爲軍長與總司令者，則更屬無冕之王，直目無餘子矣。

此輩武夫，「戰而優則仕」，權傾朝野，而見識常若頑童。時代使然，良可嘆也。

凡此者流，半生戎馬，鋒鏑餘生，一旦富貴尊榮，其養生懼死之忱，尤倍於常人。故余能於此輩多有往還；而渠等於就醫時，亦一改其盛氣凌人之態，循規蹈矩，應對如儀，恍如見其舊日長官焉。

此輩中，予余印象較深者，首推西北軍驍將龐炳勛，其人矮黑而陋，于思滿腮，既不剃去，亦不使長之過長。見之者倘熟讀水滸，則不難由龐而聯想及宋公明之外表，但惜其氣度格局，不及宋公明萬分之一耳。

龐貌似拙矗，而機詐過人，又號「龐痂子」。時任第四十軍軍長。人云：龐善戰亦善哭，善哭所以善戰。每遇戰輒赤膊，手執大刀，立於指揮所前，頻擊其「虎皮交椅」之背，大聲叫曰：「哪一個王八旦×的敢下來？叫他小子的頦子先亮一亮！」

戰若不利，龐即翻身撲地，且滾且哭，厲聲咒曰：「都是那個當師長的王八旦×××，當旅長的×××，×××，把咱給坑了！這些生孩子不生屁股眼的兎仔子們，可害苦了咱啦！」

此種表演，雖在龐軍中幾爲家常便飯，而每奏奇效，蓋舊式出身之師旅團長，均不欲其部屬遙指之曰：「此即龐軍長所咒之王八旦也！」

有人甚或於軍中永獲「兎仔子旅長」之稱號，「無屁眼團長」之榮譽，蓋皆龐憤急中所賜也。

龐每來診疾，例有一開場白曰：「咱刀裡槍裡，風裡雨裡，什麽苦沒有受過？這份筋骨，就不是鐵打的，也是亞賽「金鐘罩」！這都是×××那個兎仔子，硬彎着我去玩，去吃；存心要算計咱。咱這才吃了他一個暗虧。如今就請您大夫拉咱一把，下次咱決不再麻煩您！」

孰知下次後復有下次，余遂亦偶然戲之曰：「這一次又是哪個兎仔子坑了您？」

龐遂赧顏而笑曰：「呵，您趕情也知道嗜叫兎仔子！行，行！下次咱再說髒字，就請您掌嘴！」

一日，龐忽謂余曰：「您別看咱是個大老粗，任什麽都不懂。咱手下的弟兄們，可聽咱的話啦！不信就請您明天去觀觀操！」

余以不諳軍旅，觀操亦無所習，遂遜謝之。而龐堅持再三，復曰：「觀操是句好聽話，天知道，觀他個鷄×！其實就是弟兄們翻翻杠子，來點雜耍。咱看您大夫是個朋友，就用不着跟您裝蒜！」

翌日，龐遣一副官來診所，導余之司機馳往其防地，顚簸數小時許始達。龐之軍容，一如舊日之西北軍，視二十九軍尤爲瞠目其後。官兵則戴蝙蝠式之灰布棉軍帽，戎裝亦臃腫如孕婦然。大刀則僅於特務營、執法隊之背包上，始得一見。據云：特務營之前身爲衛隊營，係龐軍之精鋭，其中一連，悉配備以紅纓單刀與德式「快慢機」手槍；另一連則以手提機關槍爲主；其他一連則擁有輕重機槍甚夥。余雖不知兵，而竊異之：集全軍精鋭以衛主帥，固能保將軍之無恙，其何補於戰局乎？

余之疑問，果立得證實。其特務營之一連長，以自豪之口吻告余曰：「這一個連的火力，抵得上普通兩團人。他們一連，頂多只有兩架機關槍，多半還只有一架。」

龐軍設有一衛生連，除碘酒、蘇打、繃帶、阿司配靈外，殆無他藥。余與該連長立談片刻，詢以如此設備，何以應付戰塲需要？彼答曰：「不必多慮，我連備有担架四十副之多，已較他處之衛生連，設備完善多矣！」

一若有担架在，即萬事足矣。余聞之不禁無言。似此之戎馬生活，苟非厭世主義者，絕不能樂此不疲也。

五十九、湯玉麟「去思錄」

一日，余與陳覺生等晚宴於恩成居，席間有一矮胖之老者，恂恂然如一山西錢莊之老板，頂已禿而氣色紅潤如四十歲者。其人極善飲，而出語不多，舉止亦無囂張之狀，言談中僅隨聲附和而已。余意其必爲一伴食之幕僚人物，殊陳覺生忽以日語附余耳曰：「君不識此老乎？渠即赫赫有名之湯玉麟也！」

余聞之大詫，蓋此君既絕不似新聞照片中皮帽高靴，虬髯持槍之狀。亦絕不似一曾以烈馬快槍，縱橫關外之「鬍子頭」也。

余友管翼賢告余曰：湯在草莽時代，綽號「湯二虎」，衝鋒陷陣之驃悍，不在張作霖之下。發槍尤準，常以「打香頭百發百中」之絕技，不血刃而克敵制勝。

湯遁離熱河後，輾轉得入宋哲元設於鐵獅子胡同之進德社，遂以宋之高級顧問名義，漸與老西北軍系人物打成一片。湯固豪於資，私宅中每晚輒設雀牌一桌，烟舖一榻。欲雀戰者，不須自費，蓋每一抽斗中均各有信封一，內藏現鈔數百，以備「清賬」之用。手氣好者，更可席捲其所得而去。烟舖上亦備大量「大土」與「福壽膏」，聽憑吸食。烟盤中且有小型烟罐多具，愛「大土」者，儘可携之而去。

出入湯門者，皆進德社人物，以及二流政要，咸讚湯之善作主人。至是湯遂以一東北軍之「棄婦」，搖身一變而爲老西北軍中宋系之圈內人物矣。

管翼賢謂余：湯在熱河時，向以慳著稱。而一旦避地燕京，即與前判若兩人，以好客聞，其「虎落平陽」，「廣結善緣」之故乎？抑感於滄海桑田之變，便欲痛改前非耶？

湯之稚姬一人，後以婦科症求治於余。余亦未悉其係自關外隨湯來此者？抑或係湯納自燕京之小星？惟伊之求子心極切，並連稱：「這也是大帥的心願！」

余初聞愕然，繼乃大悟：此大帥即湯也。由此可見：湯雖於客中聲勢，大不如前，而在家中仍以「大帥」自居也。

就診多日，頗著效。一夕，湯遂携姬宴余於王家飯店。湯御長袍馬褂，戴小瓜皮帽，上綴一大紅頂珠，手中且執有唸珠一小串，稍予人以不倫不類之感。

宴間，湯於往事絕口不談，談吐中故作超然出塵之語，余漫應之。自念此「大帥」倘眞能忘世淡泊如此，又何必夜夜大開烟鋪與牌桌，以娛進德社諸君子耶？

湯又提及二日人之名，謂爲關外舊識，便中乞代致候。余料此二君必皆於役關東軍，在關外之風雲變幻中，長袖善舞之人。既非余所識，亦不欲識之。遂遜謝不敏，而湯頗爲訝然。

余以不欲其再以日軍中之奧援，嘮嘮煩我，遂轉而談及其稚妾之疾，並畧抒余之管見。湯忽擲叉大笑曰：「這都是她小孩子們瞎鬧。就冲着咱這把年紀，這份骨頭，能多在世上抱幾年孫子，咱就謝天謝地了。咱大大小小的孫子，兩把不夠，也夠一把。還指望再添個尿孩子嗎？」

出語雖似達觀過人，余固知其非由衷之言也。

未幾，湯又問以：「最近出過關嗎？」

余答曰：「無暇及此。避暑時，多在廬山、衡山、黃山；至北亦不過北戴河而已。」

湯喟然嘆曰：「您倒眞該到咱熱河去一趟。那個行宮可眞夠標緻，什麼西山八大處頤和園，全比不上。有一天，您要去，只要咱姓湯的三個字，崔新五、劉震東、董福庭，全都是自己的弟兄！」

余惟唯唯而已，後偶以機緣詢諸管翼賢，此三君者，果何人耶？蓋皆湯之舊部也。年來頗以「一客串二角」，見重於中日兩方。——「一客串二角」之語，管云係來自「大戲」中者，乃以一演員扮演劇中二角色之謂也。湯告我之三君，既受關東軍之改編加委，復又以抗日之名，得於「後援會」之「慰勞金」中，分一杯羹；於報章上，亦時以

「忠勇抗暴，茹苦不降」之虛譽，博得關內無數小民之欽敬也。

越數日，湯忽遣僕贈余禮物四包，內有「吉林老參」，湯本人之肖像，鏤金摺扇一把，最奇者厥爲線裝藍皮之所謂「湯公去思錄」一冊，厚薄如一巨型之訃聞然，印製精美，卷後印有「非賣品」字樣。內則有若干會，若干人，以及若干熱河聞達之士所撰歌功頌德之語，讀之者，幾疑爲「循吏傳」一卷在手也。

余於是始悟：湯雖故做老粗，實乃深通名利秘訣之老官僚也。

一日，余以之示實報「瘋話」欄作者「老宣」，「老宣」笑曰：「此『去思錄』可改名爲『天下第一奇書』矣！」

六十、大刀宗師孫承烈

一日，孫承烈遣徒邀宴，至則除石掌櫃及其師兄弟數人外，多爲素昧平生之赳赳武夫，幾無一非虎背狼腰者；唯拱手默坐於末座者，一望而爲恂恂儒生。石附余耳告之曰：此乃孫之介弟，專爲故都店肆書寫斗方牌匾，而頗負時譽之孫承祿也。

余聞此人善書顏字，頗似清末某狀元之手跡，故巨商大賈均以得其所書之匾額爲快。然燕京之文字中人，則頗以「寫字匠」視孫，而鮮與往還；故其潤筆所得，雖未可之視，而其際遇之蹉跌落寞，則遜若輩棄政而筆耕者遠矣，遂常與乃兄之門人及百掌櫃輕流爲伍。此迨命運耶？抑人事耶？

客到齊後，由孫承烈率衆羅拜拈香「祭祖」。「祖」者，少林派之奠基者，達摩祖師也。孫所獨步北方，博得「御前帶刀侍衛」之「黑虎拳」，據云即爲達摩所手創。該宴蓋以慶達摩祖師之「整壽」者也。其爲五百年？八百年，抑千年整壽？則余已不復記憶矣。

達摩本非中土人士，親其畫象，頭骨嶙峋，面目猙獰。遊方至少林寺，授羣僧以拳擊與刀棍之技，遂成威震遐邇之少林派。武壇地位之高，聲譽之隆，尤在形意拳「祖師」岳武穆之上。以一素有排外傾向之區，能對一異族無權無勢無錢之人，敬重如是其隆，如是其誠，實爲一不可多得之事。

是宴，賓主有四席之衆。在座之偉丈夫，幾盡爲孫之及門弟子與「徒孫」，親愛之情，不啻家人父子。其中有馬徐二人，似爲孫最得意之傳薪者，亦最受其儕輩推崇，皆在關外長春任愛新覺羅宮廷之「武術衛士」。其職責則除拱衛「御花園」與「大內」之外，尚以教練「禁衛軍」武術搏擊爲事。長春之「大內」中，向有武術衛士約三十人，悉係平津魯豫一帶之健者，而尤以馬最爲出色，故在儕輩中，有「小馬超」之譽。徐姓者，以善用單刀，人激賞之爲「賽徐良」。兩君繼其師未竟之志，以効忠愛新覺羅宮庭爲事。

席間，余坐於孫之左，馬徐則位於孫之右，均爲是宴之上賓。此二人雖於役關外，而談吐間頗不憚於日人，「小日本兒」之聲，不絕於口。孫目余莞爾而笑曰：「吾徒魯莽，先生幸勿介懷」，余笑謝之。馬徐亦均聞而離座抱拳唱諾曰：「得罪先生，尙望海涵！」而不旋踵即又「小日本兒」連聲而出矣。

談笑間，偶及「關東軍」一語，馬笑謂其師曰：關東軍在關外之不理於人口，比比皆然，即「大內」中亦非例外。宮門內向有日憲兵一隊，專任盤査警戒。其浴厠之所，悉與禁衞軍之低級軍官共之。殊後者於此道以「大而化之」態度處之者，頗不乏人，而日憲兵惡其不拘小節，頗以爲苦。未幾，遂有關東軍某部簽署之公告一紙，遍貼於浴厠之所，內載使用浴廁之規則甚詳，且附繪圖說明三數幀。

不數日，「武術衞士」中有以其事聞於極峯者。極峯啞然失笑曰：「連這門事都要軍部管，管東管西，關東軍不眞成了『管東軍』嘛？」

在座者尙有二人，余已忘其姓氏，一在三十二軍任武術教練；一在二十九軍任大刀教習，惟似均怏怏不得其志。任職於三十二軍者，以訴苦之神情，告其師友曰：武術在三十二軍中，地位遠遜於馬球、田徑一類之運動項目。蓋其軍長商震極醉心於西化，視所謂國粹如敝履。其所以仍在軍中有武術一科者，蓋拜長城戰役之賜。是役也，二十九軍大刀隊以奇襲建殊勛，而商部雖以死守冷口自誓，未旋踵即「轉進調整陣線」矣。視之中央軍徐庭瑤部關黃兩師之在南天門，以及二十九軍之在喜峰口，戰績殊隔天壤。是時，大刀之風頭極足，幾如一二八戰役時十九路軍之斗笠然。商雖出身戎馬，而於宣傳與應接報人之道，極富心得。故雖於新敗之餘，三十二軍健兒之英姿，仍頻頻出現於畫報之上，除頭頂銅盆式之鋼盔，水壺背包俱全，面露「運動選手」式之笑容以外，尚赫然背負大刀一柄，其實商本人即絕不信大刀可以制勝克敵也。商之後妻楊某，爲一「李德全」式之教會太太，素御短髮，高視濶步，風度頗類西洋婦女，軍中咸呼之爲「洋燈罩」，其鄙視中國武術之程度，視商爲尤甚。故凡在三十二軍中任運動項目之教練者，均獲青睞，獨若輩授技擊刀劍者，屈居下乘，日惟伴食而已。孫之門人，性烈如火，以怨憤難伸，嘗佯醉飽打商夫婦最賞識之一運動教練，以「掃堂腿」傷其踝後，乘夜不辭而去。

在二十九軍中任大刀教習者，亦殊鬱鬱，蓋西北軍中素習之刀法，深得淮軍與北洋之衣缽，例以「六合刀」爲主，此與馮玉祥之出身，頗有因緣。其他刀法，則向以「旁門左道」目之。長城戰役尾聲中，日軍頗以大刀隊爲慮，特自關外之禁衛軍與靖安軍中，抽調精諳刀法者，編爲一梯隊，轉戰長城各口，其中泰半蓋皆出自馬徐之門。渠輩所用者，日人稱之爲「青龍刀」，實則不過單刀耳。而二十九軍所用者，刀柄特長，人號之爲「雙手帶」，用時須雙手握之，始可運用自如，砍抹揮舞，自不及單刀靈活，相形之下，頗呈劣勢，數度搏戰之後，二十九軍之「雙手帶」健兒，已時有「技不如人」之感。此所以長城棄守之前，大刀隊鮮加渲染爲制勝法寶之故也。

二十九軍退守後，深感墨守六合刀一技，難以克敵致勝，乃廣徵大刀人材，出任教練。特積習難返，凡授以他種刀法者，軍中雖禮遇其教練者，教而不練則習以爲常。士兵時時操習者，則仍爲當年之「六合刀」也。

是故該「大刀教習」，亦頗有掛冠之意。當其語及關外單刀隊之優勢時，馬徐欣然起立，抱拳謝罪曰：「得罪，得罪。」孫亦掀髯而笑曰：「吾今當授汝一技，足使關外單刀隊與汝二十九軍大刀隊，平分秋色可乎？」

言訖即起座入後堂，大刀教習叩首謝之，旋即隨入，片刻始出。孫歸座後，肅容謂之曰：「此乃『大刀王五』之『夜戰八方藏刀式』也。有此，汝之大刀隊，雖不能勝，亦不可敗。汝與馬徐，誼出同門，當以競技視之，平手爲最上，一勝一敗則易傷和氣矣。」

余默思此時此世，事事似皆胡塗賬一筆。此三人者，共戴一尊，而各爲其主。戰則誓不兩立，宴則親如兄弟。其實二十九軍之大刀隊，華人也。關外之單刀隊，亦華人也。殺人人殺，盡皆華人，而猶欲精益求精，俾可多殺。世事之酷於此者，恐亦鮮矣。

席間，以余日籍故，在座者屢以邇來之抗日反日狂潮爲題。二十九軍之大刀教習謂余曰：男女大學生，假日前往二十九軍駐營地，從事愛國宣傳者，已日益衆多。除演劇、演講外，尚授官兵以自譜之抗日歌曲。最新之一支名爲「上起刺刀來」，簡捷嘹亮，極獲我儕軍人歡心。先生亦樂聞乎？

余頷之，渠遂即席引吭高歌曰：

「上起刺刀來，
弟兄們散開！
但還有我們在，
不讓半個鬼子衝過來！
這兒是我們的土地，
咱祖先在這住了幾百代。

君命有所不受，將在外，
誰也不能把我們調開！
但還有我們在，
不讓半個鬼子衝過來！」

余聞之默然，舉座亦無言。孫拍案曰：「此日本大夫，吾之至友也。經其手而起死回生之華人，曷可數計，彼輩咸馨香祝其壽，而汝等嘵嘵以東洋丘八之暴行難之。汝等多籍直魯，而褚玉璞在直，孫美瑤在魯，多行不義，雖外人亦不免。倘此大夫以褚孫之暴行，責難汝等，亦可謂之公平乎？」

言次，回顧馬徐曰：「今日有再敢以中日間事爲話題者，即於祖師神位前，以『家法』處之！」

衆聞之悚然，至席終迄無一語侵余。

六十一、石友三、么二三

石友三其人，交遊似極廣，而口碑則劣甚。余於友輩邀宴中，曾數見之，而尤以其率軍隨鐵甲車隊，自通州攻向故都失利之後爲最。

石瘦而高，面削長，頗似一般中學學生領袖之外貌。余於「老西北軍」之往還中，每見此輩或戎其裝，或長其袍；西裝革履者，則少之又少，而石則爲唯一之例外。余與之相遇時，幾無次不御西服，與其他「老西北軍」元宿，截然不同。即此亦可見其孤僻不羣矣。

石在「老西北軍」中，每爲人於背後錫以「石厶三」與「厶二三」之渾名。余曾以此詢諸林世則，林曰：北方之骰子賭局中，有所謂「提點」，擲得「厶二三」者，變化之可能雖多，而命運則極不可測。石之一生，反覆多變，而每每自蹈絕境，其非一專擲「厶二三」之賭徒乎？而所謂「石厶三」者，亦即「石友三」一音之轉，與「厶二三」之簡稱也。

言次，在座之雷嗣尙，亦謂余曰：近十餘年，國人之綰樞密與掌兵符者，恒畏馮先生如虎，而尤畏馮先生以「精誠合作」或「効命前驅」自荐。蓋馮系西北軍之勤於叛，善於叛與樂於叛，已深入國人之腦髓矣！最奇者，馮部除宋哲元、劉汝明諸部與劉驥、張之江、李鳴鐘、鹿鍾麟、劉郁芬諸元老外，幾無人不叛馮，無部不叛馮。而最爲馮及其「老西北軍」所憚者，厥爲「石厶三」也。蓋石之善變，喜變，尤勝於馮先生多多矣！

果然，石於兵盡途窮之後，曾丐宋明軒錫以一「保安司令」之職。宋雖不文，而在秦紹文輩贊襄之餘，雖給以名義，撥以經費，而不予人槍，且令其駐防於馮治安、趙登禹與劉汝明各師環逼之三角地帶。故石與宋得以相安無事，石在馮趙劉三將虎視眈眈之下，終無所施其「幺二三」之故技矣。

石於「西北軍」中宿將，咸號而不名，雖宋明軒、韓向方，亦非例外。對馮「老總」稱之，蔣則「蔣先生」，閻錫山則直呼之爲「閻老西」矣。渠之口頭禪，輒爲「老哥兒們」。凡屬「老西北軍」者，無一不爲石口中之「老哥兒們」。一夕，余爲張允榮所邀宴，亦即兒玉以中日經濟提携先鋒之資格來華訪問之前後也。余於微醺中，戲詢石曰：「君既呼之爲『老哥兒們』，何乃時叛時降君之『老哥兒們』耶？」

石面不改色曰：「泥菩薩碰了頭，還得叮噹亂响，老哥兒們說不好，揍一場，那還値得稀奇嗎？揍完了，氣一出，誰贏都是一樣，反正大家都是『老哥兒們』嘛。贏一把，輸一把，又算得了個毬？」

時，雜坐於余與石之間者，爲過之翰，抑李顯堂，余已不復記憶矣。事後，耳語余曰：

「愼之，矢原大夫！石之爲人，險不可測。雖宋韓之流，亦防之惟恐不謹，幸勿以戲言自蹈殺身禍也。」

宴後，石忽堅邀余共乘一車，余遜謝之。石不可曰：

「怎麼您也跟那些吃糧打仗的日本人一樣，硬說是我們樣樣不行！我石友三再倒灶，坐的汽車也比您個日本大夫漂亮。您坐上一次，就會丟您八代祖宗的臉！」

余無奈從之，石乃大喜。車中笑謂余曰：

「咱石友三這個人，今天在這，明天在那，還沒有個兎仔子敢當着咱的面，說我一句毛延壽！今天您小子矢原大夫，居然敢問上我這麼幾句，總算您有種！咱就交您小子這個朋友！」

自斯而後，余與石之間，竟時相餽贈。是時，余雖仍獨身，而石則兩度以「海狗鞭」見遺，余遂以之轉贈余病人中亟需此物者。

石爲人俚俗無文而孤高自賞，故雖於「粗人天地」之西北軍中，亦屢起屢仆，無由遂其鴻鵠之志。余性耿直，稔之既久，亦每每婉辭諷勸之。石喟然曰：

「算啦，算啦，打從穿上二尺半這一天，就沒打算能活着從死人堆裡爬出來。總算咱石友三的命大，沒死個不明不白。事到如今，能多活一天，就算咱多賺了一筆。有一天，造化大，能做個幾天主席，海陸空軍總司令，那還不都是咱祖上的德性？」

余知其志不在小，禍無止境，惟有無言嘆息而已。

六十二、孫殿英一諾千金

石之外，余於孫魁元亦有一診之雅。長城戰役後，孫曾不時邂逅故都。一日，段其澍伴孫至余診所，蓋孫時感恍惚，友儕咸疑其心臟或神經淪於崩潰。余於診斷後，頗為樂觀，惟投以鎮定安撫之劑，孫乃大悅。

未幾，孫忽以一紅綢小包見贈，啓而視之，乃簇新之德國製瓦特爾式小手槍也，另附光可鑑人之子彈五十粒。

余以醫者未便携帶武器辭之，孫笑曰：「就冲着你們在北方的勁頭，就是再多十枝，也沒人敢來跟你搗一句麻煩。再說，誰敢跟你搗麻煩，你就儘管說：這是咱孫殿英送給你的人情，看他敢把你怎樣？」

余之記憶中，孫已兩鬢繽紛，頭頂且已半禿，而目光奕奕，極有殺氣。若以之比於石友三，則孫陽石陰，明顯甚矣。余診所之門房中，有一小「傳達」名閻世鐸者，年既壯而温文如儒生，家中飭其歸鄉完婚，遂不克返，屢馳書丐余乞為代謀一席之地。時，閻之故土適在孫部防區之內，余乃函孫，央其便中代為設法。而未幾閻即以四十一軍軍部副官之銜，榮耀鄉里矣。

於此可見，雖「掘墓賊」如孫者，亦偶有足多之處也。

六十三、高桂滋雅重文士

是時，余與陝軍宿將高桂滋，亦頗往還。高雖魁梧，而清秀不類武人。言行間亦屢以「儒將」自許自勵。時任八十四師師長，居於故都絨線胡同。其女高思聰，偉岸有父風，常就診於余，以是余遂稔其家人。

高桂滋固嗜風雅，嘗厚禮卑詞，邀故都名詩人李蘧蘆，假座絨線胡同高邸，按期舉行「雅集」，花前月下，酒肉如林，鶯燕繽紛，觥籌交錯。時或如溥心畬、福開森、傅增湘、王夢白、焦菊隱、吳承仕之流，亦應邀而至。至期，則高師長輕裘緩帶，僅以花園主人之身份，隨同招待，從旁襄助，了無「本帥賞飯大家吃」之狂態。故得與李蘧櫨(?)及衆詞人，相得甚歡，而高邸之壁間，亦琳琅滿目，不少諸君子之佳作矣。

高爲之既歷寒暑，文風薰陶下，舉止更趨儒雅，其本人則固非咬文嚼字者也。故當時之「實報」副刊打油詩壇主人張醉丐，曾以打油詩詠其事，而戲謂今日華北文壇，眞乃「秦幟高張矣！」語中之高張，即高桂滋與張季鸞，蓋二人皆秦產也。

余聞諸李蓬廬，高雖未以樂善好施著稱，而文人中有緩急者，輒亦不吝解囊助之。軍中部下知其所好，遂亦以「提拔文材」自勉自任。師部有司書姓查者，以餉薄母老，屢乞假他去，未蒙核准。一怒之下，竟越層上書，逕函高師長陳情乞歸，更附「念母詩」數律。詩雖平常，而高讀之大爲感動，竟破格擢升二級，以遂其接養老母之宿願，一時成爲軍中佳語。

高雖手握兵符，一生戎馬，而於其部隊之裝備與訓練，到遠不如對詩人墨客之注意。余聞稔之者言：高部多子弟兵，遇戰輒以氣勝。每交鋒，高之師部即鄰火線而居。士兵有擅退者，官長即怒叱之曰：

「連師長都還在前頭頂着，你就沉不住氣了嗎！」

下級官長有擅退者，上級官長亦叱之如是。高級官長有擅退者，高亦叱之如是。最奇者厥爲此語恍若六字眞言，聞之者往往鬥志復振，戰局遂亦轉危爲安。

高部於作戰時，頗類「烏合之衆」，善於膠着不退，而短於攻堅突破。每於混戰中，愈戰愈多，以多吞少，雖傷亡不貲，亦能克敵制勝，故當時在北方有「灶糖軍」之稱。「灶糖」者，歲尾祭灶神所用之麥芽糖也，性極黏，食時不愼，可將搖搖欲動之齒黏去。高部善「膠着作戰」，故有是稱也。

六十四、商震每戰必敗

當時，華北爲各軍滙萃之地，系統之雜，番號之繁，幾使人有目不暇接之感。其中最以軍容勝者，當推東北軍之劉多荃、何柱國等部，商震之三十二軍，以及中央憲兵第三團次之。

東北軍之冬季服裝，爲翻領之大皮帽，且往往有黑皮背心，或黑皮上裝，足登翻毛黃色短靴。乍見之，頗似日本之關東軍。

商震之三十二軍，則多有新式背包，軍毯，乾糧袋，水壺。任哨崗者，甚至頭戴鋼盔，腰佩防毒面具，儼如外國部隊。

中央憲三團，則一律着呢制服，極爲整齊。惟於出勤時頭戴一非洲旅行家所用之「日光盔」，既無禦彈之力，又不若「銅鼓帽」之美觀耳。

軍容較差者，爲西北軍，頭戴翻領棉帽，背肩被窩一捲，中裹單刀。身上之棉軍裝，亦極其臃腫之能事。

陝軍如第四十八師，晉軍如傅作義部，雜牌隊伍如第五十五軍，以及馮占海部，亦均大率如是。

軍容最差者，當推劉黑七、孫魁元、石友三諸部，其軍裝之參差，實出人意料之外，甚至除大翻領軍帽，「銅鼓帽」與「寬邊軍帽」之外，尚有頭戴斗笠形軍帽，草帽，以至於美式呢帽者；頭裹毛巾如農夫者，亦頗不乏人。最奇者厥爲竟有官長，半裸其遍體刺繡之上身，肩上載一鷹或鸚鵡者。亦有身着長袍，而懸一「盒子炮」於其外者。另有一怪現象，則爲官長中戴黑眼鏡者頗多，雨天亦然。

余聞之日軍中曾與役長城之戰者，此數軍中，以狀如「北極熊」之西北軍，作戰時最爲慓悍。中央軍之二十五師與第二師，雖軍容平淡無奇，而善戰亦遠在其他部隊之上。東北軍雖感國難家仇之交併，然於作戰時，其水平則距軍容遠矣。商震之三十二軍，爲土肥原輩錫以「少爺兵」之名，其戰鬥力，尤遜於東北軍。而商亦頗識「賭徒保本」之道，雖當重任，亦絕不輕易傾其精銳，孤注一擲也。

冷口之役，三十二軍以一軍之衆，扼守長城險隘，關東軍進攻者爲一聯隊，而於傷亡十餘人後，竟得踰此天險。商震「少爺兵」之戰鬥力，由此可見一斑。而以商善爲宣傳，更善與報人交往，故於華北報章之上，冷口之役，幾與中央軍古北口之役，二十九軍喜峰口之役齊名矣。噫嘻，可嘆哉！

雜牌隊伍，則除傅作義部稍長於守勢作戰之外，其他各部，遇戰輒如以湯潑雪，瓦解而已。

而劉黑七與孫魁元所部，雖其貌不揚，遇戰則或走或拚，走輒行如神龍；拚則必戰至最後一息，故頗爲日軍所憚。至石友三所部，則烏合之衆耳，且每拉警察、民團、會黨以充數。旣乏訓練，又缺武器，指揮者更屢屢舉棋不定，全軍精銳，僅一「手槍團」，聞向由其弟統之。遇有危局，則命「手槍團頂上去！」而此一團風紀之差，實爲全軍之冠，石反以縱容爲羈縻之具。此所以石雖數度爲日軍所收編，而始終未得重用之故。余聞諸日友中深悉政聞內幕者言：日方用石，不過欲假其內戰中之名氣，以爲號召耳。石部之不能戰，與熱軍及洮南軍相若，除任流竄騷擾外，實無甚大之軍事價值也。

六十五、朱子橋厄於群小

長城之戰時，關外之「義勇軍」，一度號稱達三十萬之衆。遙領最高指揮官名義者，爲余之舊識朱子橋將軍。不久前，朱曾以拯救長江大水災民事，在故都城南遊藝園舊址，召集募捐大會，登台演說漢口災民慘狀時，聲淚俱下，聞者動容。余是時亦應邀赴會解囊，前後凡三次之多，而次次自動輸將，義無反顧。余於是始悟將軍之長於勸善，精於募捐，實非常人所能及。

自是，余遂得與將軍時相接近，對其操守與抱負，獲得進一步之認識。是時，不憚於將軍者，恒喜以朱子橋將軍，以辦賑起家謗之，甚至冠以「政客慈善家」之綽號，謂其募賑之目的，厥在假道重登政治舞台耳。余雖外人，置身於是非之外，而期期不以爲然。否則，將軍又何必自奉如是菲薄，自苦若是其極。即令此乃將軍之矯揉造作，倘功名中人，個個能如此矯揉造作，持之有恒，則官場風氣，社會人心，定必勝當前多多矣。

朱子橋將軍赴前敵後，未幾，即悄然而返，意氣蕭索。一夕，電余曰：「曷往『大陸春』一酌乎？」余曰諾。

至則僅朱一人在座，酒數巡後，慨然謂余曰：「邇來，余以於役義勇軍，理當避嫌，故與諸日友暫絕往來。今事過境遷，朋友交情，不同國事，又當別論矣。」繼則曰：「余今始悟：日人中，亦非盡我死敵。國人中，亦非盡我袍澤也。余此次出關，所以功虧一簣者，患在張漢卿忌我，宋子文扼我，馬二爺拆我後台耳！」

蓋是時張學良以方面大員身份，屢於人事上予朱以難堪；宋則藉口「義勇軍兵無定所，難以報銷」，絕不假以銀錢方便。而所謂「馬二爺」之馮玉祥，則遇兵必編，遇軍必繳，對「義勇軍」大展其「狼吞虎噬」之能。是故，時日無多，所謂「總統關外義勇軍各部」之朱子橋將軍，已一變而為「無兵司令」矣！

朱於激憤之餘，又告我曰：「北人有諺：『桃飽杏傷人，李子樹下抬死人。』今長城一帶義勇軍，已戲改之為一諷刺當局之詼諧語曰：『湯跑，徐刷人，馮吉石劉拉死人！』」

湯者，見敵而逃之湯玉麟也。徐者，中央第十七軍之徐庭瑤也，見有遊雜隊伍，必予繳械遣散而後止。

馮吉石劉者，馮玉祥、吉鴻昌、石友三、劉黑七也，見隊伍則極拉之能事，以供改編。有時且以死者充數，聊以駭人自慰。」

朱復憤然曰：「救國都只准幾個人救，這到底算什麼世界？算啦，算啦，亡了國，也不是我朱慶瀾一個人當亡國奴，吃什麽苦，我都幹。要受氣，我姓朱的可不幹！」

六十六、學生崇拜關麟徵

朱既倦勤，義勇軍除馮占海部，泰半皆土崩瓦解。而故都大中學生之反日義憤，則遠較前為烈，尤以平大、北大、中國大學、志成中學為最。

志成中學，為首先派學生參加黃寺集訓之學府，受訓學生均對二十五師師長關麟徵，極爲景仰。從此，該校遂被日方冠以「藍衣社大本營」之雅號。其校長吳葆三雖極端仇日，而其本人與其妹吳瑩若，則同爲余之病人。

一日，吳示余彼之新作，題名「誰是我們的仇人」？其曲則爲吳瑩若所自譜也。詞曰：

「誰是我們的仇人？
怨毒結似海洋深，海洋深。
當然是我們的東鄰！
侵我國土，藐公理，戮我民，佈戰雲。
難道說：我們不想報那國仇？復國土，正公理，好把那寃氣伸！
當然想：殺，殺，殺到野心國，殺盡野心民！
好，好，好，那你眞是勇敢的中國學生軍！
茹苦血汗辛，靜待東亞起風雲。炮轟富士富士崩，機炸三島三島淪。民族振精神，雪恥報仇在我身，熱血好青年，建殊勛！
誰是我們的仇人？
當然是我們的東鄰！」

余閟竟笑謂吳曰：「倘關東軍或駐屯軍得聞此曲，則閣下反日之銜，將遠駕曾擴情、張廷諤、于學忠，蔣孝先諸君子之上矣！」

吳亦笑曰：「固所願也」！

吳爲人雖極「海派」，而其愛國之忱，迥非「涼血動物」可比，因此余不以其「藍衣社」之故，而故示疏遠。蓋是時之中國「藍衣社」，在常人觀感中，實與墨索里尼之「棒喝團」，以及希特勒之「黑衫隊」，爲一丘之貉也。

六十七、何遂玩世不恭

一日，久違故都之何遂，以省親北返，小作勾留，數度與余作竟日遊，凡八大處，京郊諸名寺，頤和園、清華園，足跡殆遍矣。

何爲人極其聰明豁達，文武兼資，而有濃烈之無政府主義色彩。對一切權威，制度，規章，社會風氣，向執反對態度。故飛黃騰達雖早於朋輩，而向有「狂狷」之名。第一次世界大戰時，以空軍負責人之資格，隨徐樹錚之「觀戰代表團」赴歐。彼時，何已官居中將，而猶在壯年。目睹歐美職業軍人，白髮蒼蒼，傷痕遍體，而勛章滿襟者，多僅上尉少校之流，不禁大慚，乃自動改佩中校肩章，俾免尷尬。其它團員亦有起而効尤者。自是遂相沿成風，以代表身份出國考察軍事者，多在肩章上自動降級若干矣。此事爲何所親口告余者，諒絕非齊東野語也。

何曾爲孫岳之股肱，遂得馮玉祥之器重。而何於馮，則狂狷特甚，了無敬意。馮自贄居南京，以軍委會副委員長之身份，專在大學旁聽之後，大寫其丘八詩，亦嘗以之示何，並故示謙虛曰：「敘甫詩詞方家，幸有以教我！」

何離座覽之，忽大聲讚曰：「馮先生何乃謙虛之甚，而自貶之爲「丘八詩」耶？後世之讀此者，乃知先生眞民國丘八之第一人也！」

言次歸座，始終無一語一字，論及其詩。在座之常鴻鈞、宋麟生、過之翰等，均爲之愕然，繼乃默然。馮亦爲之大恚。

昔年馮之幕中，王鐵珊最受推崇，馮於人前輒以師禮事之。實則王之矯揉造作殊有大乖人情者，故極爲何所不懌。何籍隸福建侯官，「藍青官話」平平耳，至是乃乘勢以謔王鐵珊。每言及其名，輒讀之爲「王鐵柵」。友輩有怪而問之者，何笑答曰：「鐵柵之爲物也，遠望則巍巍然，神聖不可侵犯。近睹則漏洞觸目皆是，空而無物也。」

其對善做僞者之不稍假借也如此。

何於馮所欣賞特甚之人，多視如草芥，鹿鍾麟即其一例，以其視上卑恭，視下苛峻，頗爲何所不齒。一日，余與丁春膏、李筱帆及何，相偕往觀「學生自行車賽」，余笑謂何曰：「歐諺中，『自行車騎手』一詞，固非頌語也。蓋此種騎手欲求車快如飛，必盡量作折腰狀，以減上方之壓力；又必須雙腿踢蹬如狂，以增加車行之速度。故人皆呼上諛下傲之徒，爲『自行車騎手』也。」

何聞而大笑，謂李筱帆曰：「是則鹿瑞伯可膺『自行車國手』之號矣！」

是夕，酒酣耳熱，李何頻頻臧否西北軍中人物，「二先生」與「馬先生」二語，出現頗繁。余知馮素有「二馬」，「馬二」等雅號，「二先生」亦即由此蔓生者也。惟「馬先生」則不知何所指。乃詢之於丁，丁莞爾曰：「此語乃自貴國之俚詞中借來者。——村婦匹夫相詬時，不樂以『馬鹿』一詞洩其憤乎？呼『馬先生』時，實指鹿也。此種語法，於漢文修辭中，謂之爲『歇後格』。」

以「馬鹿」名其人，余遂知李筱帆輩之老西北軍，以及何輩之「保定系統」，不懌於鹿之處事爲人甚矣。

其實，何之狂狷，固不僅於馮鹿王瑚之處，始可見之。渠曾親告余與丁春膏曰：其長子何旭，原在同濟大學習醫。九一八後，憤而出關，欲自組遊擊隊，以與關東軍相抗衡。三數月後，果聚衆成軍，屢以伏擊擾敵，旋移駐長城邊沿，欲圖整補。不意忽爲東北軍所包圍繳械，或遣散或改編，而何旭遂頓成一「光桿司令」矣。於是，遄返南京，歸告其父。何遂反笑而告之曰：「青年如汝輩者，非兼具理想主義之傾向與現實主義之認識，鮮有不庸碌墮落者也。必有理想主義之傾向，始有大志，始能見其大，見其遠；此余所以讚汝出關游擊也。必有現實主義之認識，始能腳踏實地，不事空蹈，不為挫折所困。汝組隊抗日，不遭敵殲滅，而遭己方繳械，此即一現實世界中之醜態，不識此，即無法立足於今日之社會矣！」

何子返京後，一夕，與何、何妻陳坤立，妻舅陳元伯，共作竹城戲。忽聞叩門之聲甚急，何慮係刼匪，遂囑价僕暫避，而自出應門。既啓扉則一汽車與一戎裝之副官，鵠立於外焉。來客曰：「吾奉命欲見立法院軍事委員會委員長何遂。此人安在？」

何答曰：「我即何也。」

來客乃立正敬禮曰：「委員長從南昌來，有命邀六人作一席談，君其一也，即請整裝登車。」

何辭以為時過晚，換裝需時，容日來訪。來客固請之，且曰：「余奉委員長之命，不敢不從命也。」

何大怒，立叱之曰：「他是軍事委員會委員長，我也是軍事委員會委員長，為什麼一定要我聽他的命令？我就是不來！」

言畢，憤然閉扉，復作竹城戲，了若無事然。而此一短劇，亦即不了了之。此亦何所親口告余者也。

六十八、何遂臧否人物

何返故都後，一夕，與余痛飲於慶林春，已微醺矣，忽索紙筆曰：「君知南京各院部，均獲騷人墨客之四字考語乎？余今當為先生書之，聊供酒後一哂。」

紙筆至，何乃振筆直書曰：

「行政院——永不換湯
監察院——北妓秦腔
司法院——湖北同鄉
考試院——戴氏佛堂
立法院——萬國文章
外交部——見日心慌
教育部——孔道方張

財政部——枉法貪贓
軍政部——無餉無槍
交通部——吃盡當光
實業部——錢來何方
內政部——地圖一張
海軍部——睹艦心傷
僑務委員會——貴賴僑商
蒙藏委員會——目無邊疆
水利委員會——越淹越香
賑濟委員會——我飽人荒。

余閱之，怪而問何曰：「君獨不憚當道乎？」何答曰：「此曹孟德之所以不殺禰正平也。」余聞之啞然者久。

何復就若干大人物之名，告余渠等之「四字考語」曰：

訓練總監唐生智——唐而又荒。

軍事參議院院長陳調元——調劑陰陽。

軍政部長何應欽——何事忙忙？

文官局長魏懷——紙短情長。

參軍長呂超——官樣文章。

主計局長陳其采——概不求詳。

侍從室主任錢大鈞——馬弁部長。

余覽之笑曰：「非君不敢謔當道如是也。」

何又告余：中委覃振，以多痰著稱，每有集會，輒聞其痰聲呼呼然。故汪兆銘贈以一雅號曰：「呼圖克圖」。

覃之吐痰藝術，實遜譚延闓多多。蓋譚亦每議必咳，但咳時頗有分寸，層次分明，絕不混淆。故汪兆銘亦曾贈以「恩克巴圖」之名。顧名思義，實勝覃振之「呼圖克圖」遠矣。

六十九、班禪作法

是時，天災頻仍，兵連禍結，了無已時，故遂有班禪喇嘛在故都主持「時輪金剛法會」之舉。余以好奇之故，亦隨管翼賢前往一視。

法壇所在之地既高，而班禪又趺坐於壇頂高高在上之處。乍見之，頗似北海後山金頂佛堂中之情景。壇前鮮花貢物水果堆積如山，場中黃綢處處，有如繽紛之雪片。善男信女，有羅拜於壇前，伏地久久不起者；亦有伺機而動，專待攫取壇前業經「加持」之茶水，就地一飲而盡，以求增福添壽，消災免病者。

管告余曰：壇前、壇上與壇後之漢人「執事」，皆榮譽職，非輸將慷慨，或經班禪指爲「有慧根」者，絕不可能任此。而一任此職，即得與班禪有近水樓台之雅，時時可分得業經於佛前「加持」之水果、香茗與貢品。且更有漁利成癖之徒，百計鑽營，以求厠身其間，然後利用其特殊地位，大開方便之門。凡欲跪坐於壇前近處聽道誦經者，以及欲得「加持」之茶水、香灰、水果、供品者，均非對若干「執事」納重賄莫辦。

管是時在華北之權威，絕不亞於歐美之報業大王。甫入場，即有「執事」紛紛請之跪坐於壇前最衝要之處，「加持」各品，不待索求，即已源源而至，頗令人有應接不暇之感。

移時，「執事」復邀余等至壇後，一毡幕型之佛帳中。其內遍懸毯皮之類，而面積頗大，後方之中央處，有一高榻狀之物，即爲班禪誦經講道之餘，小憇之所。帳內又以黃綢縵隔離爲若干室，而縵高不過一人左右，故坐於高榻上之班禪，隨時可以鳥瞰全帳。班禪於誦經時，頭戴一角形帽。休憩時則禿其頭。其人肥壯，滿面流油，膚色淺褐，頗予人以木訥之印象。

管詢以此後計劃，以及對大局意見，班禪惟凝視沉吟，唯唯諾諾而已。時「執事」數人，各以三角形之小黃綢巾一張，懸於鼻下，聊當口罩，正爲其製作一水餃式之食品。班禪之食量，似大常人三四倍，屢盡其器，仍命人傳呼「速進，速進」不已。

管亦獲「加持」之水餃式食品一枚，食後，陰告余曰：「不識其內藏何物？但覺其味頗怪，鮮美遜前門之鍋貼店遠矣。」

七十、呂咸評楊永泰

老友何遂、丁春膏屢向余言廬山之美。呂咸自轉任江西民政廳長後，每北旋，輒唆余以匡廬爲消夏之所。呂雖爲留學生出身，而官僚習氣則與北洋時代人物絕無軒輊。每有所詢，必以「哼」或「嗯」之長音尾之。每有所得，則頻頻點首，踱八字步不休，而左顧右盼，有如霸王項羽叱咤於烏騅神駒之上也。

呂咸之夫人，名劉文哲，亦余之病人也。相夫極爲有術，且育子女多人，而呂就膳於家中之機會，則仍爲稀而又稀。友儕告余曰：呂非食於肆間嘉肴之所，輒終日不樂。飯莊主人久而不見「呂廳長」施施然而來者，亦終日不樂焉。

久而久之，無形中呂遂爲一金字招牌。「呂廳長」每日必到之處，定屬當地上上之選，「食家」亦聞訊而來趨之若鶩。於是，呂之政績如何，雖無人道及，其獎掖烹調之功實不可沒焉。

一日，余曾戲詢之：燕京之山珍海味，千百倍於三江五湖之地，奈何捨此美饌，而於役於百創千痍之區耶？

呂莞爾而笑曰：權乎？權乎？——自商啓予，徐次辰捨此而去之後，華北主腦，孰尚欲以工商廳之缺委余耶？君爲醫，故不悉官塲中之秘辛也。頭銜有「問」，「議」，「書」，「事」，「謀」五字之一者，皆閒員也。至大亦不過一「員」而已。爲「長」者則不同，至小亦一「長」。「員」改爲「長」，例特達之恩；小「長」升爲大「長」，則理所當然也。

余詢以自爲江西民政廳長，時與楊永泰及其極峰，有把握機緣之後，是否亦有「得遂生平」之感否？

呂謂余曰：「直如張季鸞所言：熊天翼不過政學系中之一熊耳，惟此語誠不足爲政學系中人道也。余在江西，日理萬千，最頭痛者厥爲例須於每一「建議」與「條陳」之後，自加「如有差誤，情甘槍斃」八字。尤其後四字，幾乎無一公文無之。初時亦每一提筆，即有觸目驚心之感：久而久之，反視若無睹，偶見外省公文，少此四字者，反覺有頭無尾，不合體制矣。

當時，任江西行政區督察專員、縣長者，以及泰半地方官吏，多屬軍界中人，故頗置「情甘槍斃」一語於泰然，而以此斃於槍下者，亦頗不乏人。一時有笑話云：閻王以地獄中待決之囚過多，乃命其羅拜於案前而自審之。有判烹者，判官則曰：「拽之於階下油鍋中庖之！有判碎割者，判官則曰：「棄之於刀山之上！」有判槍斃者，判官則曰：「送至江西，在『行營』下爲官可也！」

江西之太上皇，久久非楊永泰莫屬焉。楊之爲人，精悍跋扈，令人側目。惟其識見不俗，任事勇毅，均非孔陳一流庸駑下乘所可望其項背。楊對下或如劉備之呵寒問暖，或如張飛之不假辭色，事之者咸以爲苦。余亦曾以之戲詢於呂咸，呂微醺，沉吟半晌答曰：「楊之待人，每予人以食生洋蔥之感覺，辛辣乾脆，人雖欲一口噱之，亦不禁流淚雙頰矣。唯一之對策，厥爲「臭頭臭腦，毫不賣賬。」蓋楊每遇「臭頭」之人，反每每折節相交，蓋以其「如此臭頭，其中必有道理」也。余嘗留學海外，於西人之「臭頭」

語氣，諳之已久。牛刀小試，已見奇效，余遂知與楊相處之道矣。」

楊調鄂後，旋被刺而殞。當局謂爲兩粵所使，而無人信之。有謂實二陳所爲，有謂爲「未央宮斬韓信」之重演，而昔年於役其下者私告余曰：此與其如夫人以及一夙所親信之副官，頗有關聯。楊死後，此如夫人且以自焚殉夫聞焉。

七十一、張善子養虎榻前

余既醉心於匡廬之遊，而秉性疏懶，頗不耐侷促避暑於一半舊式旅舍之內，故屢告友人曰：

「苟吾能於匡廬購一席之地，以供夏日遊憩之用，暮春一至，余則襆被而南矣。」

一日，余以小休赴滬，於李思浩招宴之夕，得識中法儲蓄會董事長鄧某。是夕，即令其座車送余返逆旅備用，極致殷勤。並頻頻招宴導遊，屢以投資於中法儲蓄會諷余。余窺其來意，頗欲敬而遠之。而邇後三五年內，終於中法儲蓄會股票之外，復購得金神父路，愚園路，辣菲德路等處房產，皆出此一鄧君之賜也。余之廬山別業，亦即以鄧君之介，得自一江西宿將彭將軍者。

此一別墅，純作荷蘭式，有屋五間，位於牯嶺之大林路上，距大林寺僅數十武，寺內晨鐘暮鼓之聲，晴日歷歷可聞。園極大，且有小溪，淙淙其間；屋後則古木蒼森，烏語依稀。一側則距懸崖僅有一箭之遙，暮色蒼茫中，下視幽谷，但覺霧烟雲湧，頗富騰蛟起鳳之狀。

居此屋中，最有趣者，厥爲「捕雲以烹茗」。此舉余實習自「虎痴」張善子，是時亦小休牯嶺，幾與余比鄰而居也。

實則所謂比鄰，亦非鷄犬相聞之咫尺可喻。居此山非一日者，無分老幼，皆例有一杖，其價極廉，而以褐木爲之，上刻「壽星頭」及若干人面，故其外形迥異於津滬各地手杖店中之物。山中登高躍下，有此一杖，實如添翼。少此一杖，則不顛仆頻仍，氣喘如牛者幾希矣。

張善子短小豐頤，長鬚飄然，「長者」風視其「藝術家氣息」尤濃。養虎於榻前，見者駭然而竄。其畫虎也，實寓神來之筆，遂亦以虎痴自號焉。余曾詢其馴虎之秘，張徐徐對曰：

「無他，吾褫其利齒，迫其茹素耳。吾得此虎於襁褓之中，故得左右之如他人之左右其犬也。」

張居廬山時，至輒携其從子，捧泰康公司之金鷄餅乾一聽，且食且行，安步當車，而至余之別業。余以「和茶」與日本餅點，星羅棋布於案前，以爲佐談之資。張遍嘗之而苦笑曰：

「先生幸不我罪，如此嘉餚，實不若中土產物也。盍一試我之餅乾乎？」

自是，張來，余則待之以泰康公司餅乾，茶則「沱茶」，張自謂此乃其故鄉四川之特產，茶中雖未屬上品，而於千山萬水之外飲之，則頗可畧解鄉愁也。

沱茶既足，餅乾將盡之際，張復告余曰：

「茶餘酒後，小吃中之天下美味，蓋鮮有超乎四川之『紅油抄手』，『賴湯圓』與『担担麵』者。」

余戲諷之曰：

「君爲川人，曷自任烹飪，治此天下美味，令我一快朵頤乎？」

張開顏而笑曰：

「余於『紅油抄手』與『賴湯圓』，但解如何食之耳。惟担担麵一味，尚可勉力爲之，但亦烹飪術之理論而已。至於親操鼎鑊，則非余所長矣。先生倘欲嘗此天下美味，曷不躬自入厨一試？余當就其烹飪之道，爲先生詳釋之。」

翌日，張果攜細麵與調味諸物來訪，余亦欣然入厨。張則立於余後，循循指導。厨僕均聚於一角，遙睹竊笑。吾二人亦不以爲忤，仍悉力以赴。未幾，麵成，味殊不惡，二人各盡數器，捫腹大笑不止。

山中天高氣爽，藍空萬里，令人胸襟一擴。每見遠山之後，烟雲一縷，冉冉而升，不十分鐘，則陰雲壓頂，一片迷濛，迅雷暴雨，亦隨之而至矣。傾刻雨過雲消，重覩晴空，萬物雨洗，更增嫵媚，花前草上，一派清香，松風鳥語，此起彼應。是時也，目不暇接，耳不暇聽，眞如置身仙境矣。

方其雲烟彌空之際，雖隔案亦不能見人。此時如大敞門窗，戶外雲烟即不待邀而入，迷迷濛濛，似霧非霧，而潮氣逼人。不旋踵即漸淡漸散，化爲烏有矣。

一日，余與張善子坐窗前待雨，張忽謂余曰：

「曷遣貴价聚集家中罎罐於窗下乎？但俟雲烟入甕，立即以紙封之。畧待片刻，即全化爲水，以之烹茗，乃人間天上之享受也。」

余聞之大喜，即命僕价助吾二人「捕雲」。初以之烹「沱茶」，張且啜且讚，謂余曰：「苟有吾紙筆在此，可立繪一幅也」。

後，有人告余：廬山產雲霧茶，「捕雲」以烹「雲霧茶」，當更覺詩意盎然也。余以之詢張，張欣然頷之。

山中日必數雨，至是，張每來訪，則非有「捕雲」而烹之雲霧茶不能盡歡。一時，余別業中之空罎空罐，堆積如山。每逢雨來，僕价等則「捕雲」以儲之，所以備欵待張善子之用也。

七十二、財神累於妻孥

牯嶺傍山爲市，街道井然，市肆櫛比，儼然有城鎮風，而其整潔有序，似於青島之外尚無出其右者。

山上警察，皆衣白制服，御熱帶盔，彬彬有禮，與南北所習見者迥不相同。山上商店却聚居一隅，而住屋別墅，則分散四方，彼此難相呼應，惟治安則極好，鮮聞有盜窃案，是亦一大奇跡也。

友人告余曰：此乃廬山管理局長譚炳訓之功也。譚初爲漢口工務局主腦，雖貌不壓衆，而精明能幹，勇於任事。自調主廬山後，頗欲勵精圖治。惟牯嶺之夏，權貴雲集，翁姑如是其多，兒婦顧此失彼，雖長袖善舞，亦深感做人難耳。

一日，余方診譚於其官邸，遙見五六彪形大漢，身着綉有「公館」二字之運動衫，尾隨於二身御皮夾克，手執小馬鞭之惡少年身後，初爲球戲，繼進燒烤野餐，踐踏於譚家草坪之上，坐臥馳騁，旁若無人。余意頗不懌，遂詢譚曰：

「何惡少，胆敢放肆如是？寧不知此處為先生之私家園庭乎？」

譚之惶恐溢於言表，反顧左右而言他曰：

「那倒沒有什麽關係，反正都是自己人。——誰不知道他們是財神家的少爺小姐？」

余聞而默然久之。此輩於權貴雲集之區，地方長官私邸之中，居然無法無天如此，則對蚩蚩小民又將如何耶？身為當朝宰輔之人，無能教子，焉解牧民？公憤之難平，天下之擾攘，必矣。

後，余以此事告黃秋岳。黃雖於役中樞而不減書生狂態，笑謂余曰：

「君知此君大號二字，出於何典乎？」

余莫知所對，黃莞爾曰：

「此箇稱也。原文實為『庸人用之』耳。」

「財神」府中有「王副官」者，為財神親信中最有實力之人物。王為山西人，係財神之小同鄉，府中為奴已近二十年，雖粗俚無文，而深得財神夫婦信任，且尤以能為欲向「財神奶奶」有所打點者，穿針引線見稱。

財神奶奶聚歛成癖，而又巨細不拘，有供必納，毫不作態。王副官既能出頭代表財神奶奶收受，亦能迅速向財神奶奶轉達供奉者之要求。故凡曾至財神廟中一覲財神者，遂無人不知有「王副官」，亦無人不呼王爲「王兄」，敬之諛之，惟恐不至其極矣。

黃秋岳雖寄情詩酒，於功名夙示淡泊，而對一時之風雲人物，則頗多臧否，而尤對財神不齒最甚，於其陰私亦最稔。黃自云有家在上海，與財神廟近在咫尺，其女傭與婢，悉與財神家奴，爲「姐妹淘」，且爲同一「搖錢會」中人，故廟中之秘聞，外間所不悉者，黃知之獨詳。

黃告余曰：王副官頗懶於出門接洽，暇時亦少，故凡有志報效財神奶奶者，多能以銀行禮劵，或書明「王××」與「王××」戶頭之銀行存摺，親自向王獻上。熟於此道者，例以封套固封之。外書「王××副官賜納」、「惠納」或「勛納」，則皆爲請其原封轉呈「財神奶奶」之數。至於外書「笑納」、「哂納」、「親納」者，則王之份內所得也。

此外，外省之賦稅與財政機構，凡走內線者，無不知財神府中，有一「王××」在焉。待遇優厚，按月滙滬，而其欵亦泰半入於財神奶奶之「綉房」。王亦以財源茂盛，冬必狐裘，頭戴水獺帽，指上巨戒纍然，且擁有二妾焉。

是時，廟中親信，尚有參事李××，中文秘書黃某、許某、郭某，英文秘書喬某。李頗耿介清白，故尊而不親。黃許郭則清白不如李參事；有力不如「王副官」。喬某則原出於「財神」之門牆，其妻劉女士，艷冶多姿，亦爲「財神」之及門弟子，且最得「夫子」垂青。其家中佈置之豪華與西化，咸視「財神廟」具體而微。「財神」呵護桃李備至，且時時以「公務」爲名，而移樽就教於其家。喬則不與焉。

是時，得劉於「財神」前一語，其迅速有力，不遜「財神奶奶」。於是，喬府之財源大開，財神門下人物深諳內情者，雖私下不直喬劉之爲人，而當面則惟恐有所得罪，致干天譴也。

喬之誕辰，壽筵大張，賓客如雲，饋贈如山，以「財神」之尊，亦親臨致賀，且洋洋然週旋於賀客之中，言笑甚歡，舉座驚爲異數。宴間，忽有一戲院之「戲票黃牛」，來電話促駕云：

「昨日已有人來包去包廂一座，言明係專爲喬秘書祝壽之用。今大軸戲已開始，名角即將登台，盍速來乎？」

接電話之僕役，以之告喬劉，均愕然不知何人推愛若是，惟念「祝壽而邀請觀劇」，則此劇必屬佳選無疑，故囑僕役問之：「今夜所演何劇？」

移時，僕朗聲回報曰：「老爺，太太，今天演的是『釣金龜』。」

舉座爲之噴飯，而喬大恚。事後，劉曾以重金倩「私家包打聽」，探問孰爲此惡作劇之幕後人物，反覆盤問「戲票黃牛」，亦無線索可尋，蓋來者並非熟客，且純係現錢交易也。事遂寢，而此「戲票黃牛」之聲價，反爲之大噪。頗有好事者以訛傳訛，謠稱「財神」携喬劉於「龜」誕之日，同往戲院觀賞「釣金龜」一劇。於是，購「黃牛票」者，每詢「黃牛」曰：「汝其該『釣金龜』之『黃牛』乎？吾頗欲一見之。」

時，「財神」常以「心臟停跳」聞，夫人嗤之以鼻曰：「心臟停跳者，汝老奴臨幸喬府過密過長耳。苟彼母狗『停跳』數日，汝老奴之殘喘即有望矣。」

黃秋岳告余曰：該「老奴」聞而赧然，惟屈尊於「母狗」之家如故，足證劉亦人間尤物也。

「財神」之有「心病」，余於滬醫處聞之再三，諒非虛語。而黃秋岳亦適於「循環失調」與「精力難繼」，乘余過滬時頻頻就診。黃於前朝掌故，民國秘聞，如數家珍，如觀掌紋，故余亦樂與之遊而忘倦也。

黃於當代「偉人」，除「財神」外亦多譏辭。一日，於扁舟蕩漾之際，忽詢余曰：「先生知馮玉祥命名之故乎？」余以否對，黃乃笑曰：

「馮之原名煥章，足證其先代乃痲將專家與星相學者也。何耶？馮一生以倒戈易幟，爲其特色。痲將中，以牌易牌，謂之「換張」。此與「煥章」同音而不同字，故馮之先代乃錫以是名焉。」

七十三、津門出診

一日，余赴津門，爲卞府太夫人視疾。卞爲土著中之巨富，家貲之雄，不在王占元、王承斌、張彪者流之下。其宅第亦巍峨有王者氣，而僕從如雲，一呼百諾。絕非燕京富戶，青衣小帽，殷實而內歛者可比於十一。

與余會診者，除余友松本醫生外，尚有古都名中醫孔伯華，天津名中醫查文舫與黃際午。中西醫會於一堂，勢必各執一是，亦不可多見之事也。

余與孔醫素稔，遂同車往津，抵站時，夕陽猶在，而卞府少君先肅余等至逆旅，復設晚宴於「法國俱樂部」，備極奢華。席次，松本君私以日語告余曰：

「是處曩非華人所能涉足讌遊之所，而卞府中人獨得登堂入室，足見財可通神，『獅心王』與拿破崙之後生，亦甘爲阿堵物而折腰也。」

宴畢，復肅余等返逆旅小憩，始再四道勞而去。余等遂坐候卞府派車來接，而至時已近夜半矣。甫入門，又復肅余等「進點心」數事，且歡然示意，花廳側後方有密室，可「供」嘉賓閉目養神片刻。衆皆笑却之，蓋我儕中，除查外皆無阿芙蓉癖也。

至是，始入內會診。衆人所見畧同，卞太夫人疾寢已久，其子孫所以殷殷求診者，實則盡其心之所安而已。

診後，復肅余等進點心數味，亦嘉肴也。其少君又導余等至一空車房中，示以楠木巨棺一具，幷告余等曰：「此地習俗，斲木成棺，手起斧落，聞其裂帛之聲，可卜病人吉凶。據匠人告卞府，就斧聲而論，卞太夫人尚有將近二旬之壽也」。

次日，其少君復邀宴余等，欵待之殷，雖屬北人，亦不多見。席次，談笑風生，余戲詢孔伯華：「此劑中又有羚羊角乎？」

蓋孔特喜用羚羊角一味，友好中甚至有直呼之爲「羚羊角」者。孔聞余言，莞爾答曰：「不用羚羊角，其能爲孔伯華乎？」

是時，查忽投箸而起大笑曰：「津門病人咸知，黃際午喜用柴胡與朱沙。二公會診，而能水乳若是，誠異數也。

事後，孔告余曰：「卞之先世，雖不學而善事權貴。未識緣何竟得李合肥之青睞，且與李之『張大姑爺』，亦爲折節之交。後遂以李之因緣，爲聶士成等部採製軍服，包辦『糧台』，月積年累，乃成巨富。雖多金而事李相國之門，恭謹卑微，如一价然。李府長幼，雖時或詬之不稍假借，而卞甘之如飴，遂益得合肥之鍾愛，從此財源茂盛，富甲津門矣！」

次日，松本醫生忽過余曰：

「君其雜爲會診壽家乎？吾在津門另一巨富之家，安姓其人者，視疾有日矣。病入膏肓，無以報命，而病家頻頻以延醫會診爲念，君何移玉一行，以証余之診斷不妄乎？」

余以友情與天職，均不容余有遁辭，遂往會診。安府氣派，頗似卞府，負責接待者且以余學歷之故，再四告余曰：

「安府亦有少君一人，留歐深造有年，且亦與西人媾婚矣。」

診視結果，與卞府殆無二致。蓋此輩富貴尊榮，諱疾言醫，一旦病不能起，始圖以「會診」之舉，嚇退病魔，其不敗於死神之手者，幾希矣。

是夜，就寢前，松本忽又來電話曰：

「此番擾君清睡，絕與會診無關。惟余有一病人，曩屬風雲人物，今在津閉戶隱居，日惟有糖尿病自娛，頗有與君一晤之雅興，君其有意乎？」

余意世間豈有以病自娛之人？而松本頗不謂然。但云君在中土，失勢顯貴，車載斗量，能自甘淡泊而以糖尿病自娛者，尙屬上選，覘彼輩營營終日，忽南忽北，以求再起者實多多矣。

次午，果有一車迎余於逆旅，余友松本亦在焉。既抵其地，主人幾親臨其闥，與吳玉帥隱居燕京之風，迥然有所不同。其人修長而目有凶光，眉宇間則仍存秀氣。腕上有佛珠一束，笑容可掬，啓口之際，不云「有緣」即稱「善哉」。此固當日之五省聯帥孫傳芳也。

余聞孫曾負笈東京有年，頗異孫之談話，隻字不用日文。余乃悄謂松本曰：「孫大帥不乃日文如流者乎？」時，孫忽操已不甚流利之日語，笑而言曰：「自日本處處待我輩如高麗人後，余已漸忘日語矣！」

余聞言爲之大慚。

七十四、潘復渾名「大舅子」

是時，燕京之上流社會中，無人不識福開森，余與之交往多年，尤於吾友「溥三爺」之詩酒會中，屢與並坐。其人舉止平易，出語詼諧，有其在座，滿室生春，極為賓主所傾倒。而其中國友好之多，亦絕非若輩驕狂之「洋人」，所可望其項背者。

其人久居故都，屢睹巨變，經驗之宏，舞袖之長，「人緣之佳」，每令余與「嘆為觀止」之感。是時，燕京之電話，例須先經電話局之接綫生，為之撥號。余聞人言：市人中僅福開森與管翼賢二君，其語音為電話局所素稔，接綫生一聞其聲，即接綫特速，有時且向之欣然問候。蓋福管二君均極善博人好感，出語親切而彬彬有禮。逢年過節，且不忘向接綫生致意焉。

以其稔人之衆，故福開森乃有「北平電話簿」之雅號；而管翼賢則被稱為「電話總機」，較福氏尤高一級，蓋「電話簿」尚須查考；而「電話總機」，則無一號碼不知，亦無一號碼不通也。

是時，北方之馳名政客中，亦有二人以特長交際，而獲綽號，惟遠不如福、管二氏之能登大雅之堂耳。此二人者，厥為北洋時代之國務總理潘復，以及二十九軍之所謂「智囊」蕭仙閣也。

自宋哲元入主幽燕之後，大肆收羅北洋人物，如高凌霨，王揖唐，李思浩，潘毓桂之流，均一一延攬，畀以空名，而任其活動。潘復自亦見獵心喜，頗欲乘機重登政壇，遂乃日夕奔走奉承於二十九軍之將級人物中。余與雷嗣尙，林世則宴賓之會，曾數遇此公，面團團而油潤如脂，肥頭大耳，長袍馬褂，見人則「呵腰示敬」，每二三語輒抱拳拱手，以示謙和，實予人以天橋江湖藝人之感。席上，口不停言，頭不停點，左答右問，而復與其他諸客，眉目傳情。宴間之忙，概可想見。宴後言旋時，乃於其肥頭上，加一「小結帽」，而上軀亦作半折之狀，雙臂慢搖，有如曳重物者。別時，目半張而作痛苦狀曰：「實在想再談談，兄弟作東，那一天能多聚一聚？」

余聞：潘之卑躬屈節，以在「進德社」中最甚。不識之者睹其狀，咸以渠爲承辦軍裝或包修兵營之一老板也。

「進德社」爲宋哲元之「招賢館」。人言：有北洋遺老以段祺瑞之安福俱樂部業蹟，言於宋者。宋爲之大喜，遂立於鐵獅子胡同關精舍爲之。一時，北方之風雲人物，夜間不週旋於「進德社」者，千中無一。有志登龍者，自亦百方鑽營，以一進爲榮。而屢進不疲，乃竟青雲直上者，亦比比皆是，故當時既有「進德飯莊」之號，更有人命名之爲「上天梯」；而凡能在「進德社」中朝夕出入者，遂爲人贈以「天橋一怪」——「雲裡飛」之綽號，蓋喻其已有騰雲駕霧，呼風喚雨之望也。

人言：潘復每至「進德社」，輒哈哈連天，頭如搗蒜，脅肩諂笑，見人則捧。惟除秦德純尙虛與委蛇之外，師長與參謀長之流，如馮治安，張維藩，程希賢，張自忠，趙登禹之流，見之亦傲然相對，甚鮮辭色。潘雖與之言賭言「抽」，亦時有嘗閉門羹之痛；遂惟有見輒大談其女人經耳。

久之，「進德社」中人，遂錫之以「潘大舅子」之名。蓋潘於社中見人則以「床第風月談」，爲覊靡對方之技；而二十九軍中之將級人物，十九出身行伍，籍隸燕趙，雖喜聞之於先，而必笑詬之於後。每聞其言畢，輒莞爾曰：「×他個妹妹」！或逕如趙登禹笑予以四字短評曰：「你個舅子」！

相因成習，潘遂以「潘大舅子」之名，蜚聲於故都；而亦終未能直上青雲，一遂所願。

七十五、蕭振瀛逢人結義

蕭振瀛仙閣，於二十九軍中，手無一槍一卒，而能覆雨翻雲者，善逢迎，小聰明之外，相識滿天下，廣交三教九流，自亦助其成功不小，余聞人言；蕭常喜自詡曰：「我蕭仙閣身上有『兩大』：一個手大，一個嘴大。——手大四方拉，嘴大吃四方；這就是兄弟我的看家本領！」

蕭之爲人也，貌似豪爽，而城府極深。與人交時，初識即熟；再晤已成「托妻寄子」之交；三晤時則非拜把子，願「生生世世結為兄弟」不可矣。是故，其家收藏「蘭譜」之多，亦臻駭人聽聞之境。一日，天津銀行巨子楊天受，造其私邸，蕭適外出而懇楊稍候於花廳內。移時，楊入廳旁之盥洗室，自窗中見一庭院，遍地皆有紅色信封，而上置石子一枚，使勿隨風飄去。院中尚縱橫大箱數具，僕价多人正自其中抱出更多之紅色信封，散置於地上。楊返花廳後，一小价以熱手巾進，楊予以「賞錢」而詰之。小价笑曰：

「日來陽光極好，夫人遂令我輩將老爺所收之蘭譜，取出一晒。此事年年一度，不足為怪也。」

蕭為關外產，體豐碩，頭呈長方形，而前額特寬，蕭亦自詡其天庭為稀有之福相，故每於表示驚喜，或追憶舊事，或慎重思考時，輒以五指拍其前額，而意在使人驚其異相，肅然起敬焉。即外出時，蕭亦喜將其帽「扣」於後腦之上，而令人對其「天庭」一覽無餘。

余以行醫餬口北方，既歷十餘寒暑，日本駐屯軍中將校及其家庭，自多為余之病人。是時也，蕭仙閣正以冀察當局之「相國蕭何」自居，而朝夕挾日本以自重。日之在華北稍有地位或名望者，以及長袖善舞之輩，蕭均百計結納，務期親近。且屢擇其心地耿介者，約爲「異邦兄弟」。遇事則懇其爲之奧援。初時，自以爲得計，久之，乃見其弊。蓋宋哲元以次之二十九軍人物，除秦德純等二三人外，粗通文理者已幾希矣；惟其於「扶正誅邪」之心理，則可謂人人有焉。是時，中日二邦，表面虛相委蛇，實則已等敵國，身爲日僑者，處處感兩難之嘆。而華北風雲人物中，眞正挾日人以自重者，非特爲丘八老爺所共棄，且亦爲自愛與明智之若干日人所不齒。而蕭仙閣其人，則此輩中聲名最穢者也。

以其勤於與日人「換譜」、「結拜」，乃大爲二十九軍之層峰所恚。而日人中之曉事與潔身自好者，亦避之若蛇蝎。蓋一朝有「兄弟」如此君者，無不啻與龜兎蛆虫爲伍耳。

余聞舊識高木君言：若蕭某者，名爲親日派，實則摧殘中日關係之烈，爲他人冠。高木君志在政治，而中年喪妻，復喪其愛子，遂忽而萬念俱灰，决心歸隱故園，禮佛自懺，其情可憫，其志可嘉。異土一別，再見何日？行前余餞之於慶林春，高木君感觸萬端，不覺醺醺然醉矣；於當時之華北人物隱秘，多所臧否，而最爲其齒冷者，厥此蕭君也。

高木君語余曰：

「初時，蕭之見寵於中日雙方者，實其賣弄小聰明與辯材之功也。蕭既於風雲緊急之會，廣結日方關係，以親日嫡派資格出現。遇事自可以『自己一家人』之身份，爲日方於幕後畫策，以爲進身之階。

倘日方欲求一方圓十里之地，蕭即慨然曰：『貴邦人士眞君子人也，惜未悉中土處世爲人之道乎？君欲十里，必索五十里，百里，千里；始可令此十里垂手而得。如但直索十里，則最多不過得三五里耳。』

日人欣然納其計，乃索五十里，以至於百里，千里。蕭遂轉而語華北當局曰：『吾之日本關係，多如牛毛，重逾萬鈞。苟用我一力支持，當使倭奴得地不逾其所索者四五分之一，而令其舞蹈謝恩也。』

於是，雙方皆重用之，而日方乃得方圓十五里之地而退。對日，則蕭可稱：『苟非我，貴邦何多得此五里之區？』對中國當局，蕭則云：『苟非我，吾國且將失方圓百里之地也！』」

語畢，高木君喟然嘆曰：

「如此一蕭君者，固於日本愈多愈佳，惟余於清燈禮佛之際，必欲禱告神靈，令扶桑三島千秋萬世勿有此型人也！」

余雖從未與高木君一型同流，而於其臨別所言，頗多警惕；且又嫉惡成仇，世故不深，故乃對蕭避之惟恐不速；而蕭則屢有拉攏之意，且動輒欲結「金蘭之好」，余多方却之，極以爲苦。

一日，蕭忽排闥而入，見余則眉開眼笑，以掌猛拍其前額曰：

「喲，我的個太爺！您可到哪兒逍遙去啦？我找得您眞苦呀！」

旋即力促余以生辰八字與之。幷告余曰：北洋巨子王揖唐，携來一命相聖手張某，日於「進德社」中，爲顯貴大談休咎，而所言皆中。渠知余醫務甚忙，故特來取「八字」，代我一行，蓋此機一失，日後必增交臂之嘆也。

余雖覺蕭之來意非惡，惟頗疑其志在賺取「八字」，自書「蘭譜」逕上門來，逼我「生生世世永爲兄弟」。遂故作不解人情之狀曰：

「吾家世代，多爲武士，於卜筮休咎，素未置信。况余生時，乃在東京，東京時間亦與中國相差甚巨。猶若此一命相聖手，倘設館於燕京，今日王某來，生於雲貴；明日李某來，生於遼瀋，雖同爲某年某月某日之丑時，而實際則大有先後，相差何止分秒。然則此名相聖手於卜算時，究以何地時間爲準？余不敏，尚望有以教之。」

蕭聞之愕然，繼則連打哈哈曰：

「妙極啦，妙極啦！您是不但看病的本事高，連開玩笑都是一把好手！兄弟我是甘拜下風，甘拜下風！」

未久，余友林叔言，亦即當時之北平財政局長林世則，私告余曰：

仙閣恚君甚矣，昨謂常小川，鄭大章與余曰：

「媽糕×！那個矢老頭子眞不識抬舉！沒想到一個日本窮看病的，架子比南京的『孔老西』還大！」

「孔老西」爲蕭在中樞之奧援，乃當時旣肥且貴之「財神老爺」也。

七十六、蕭振瀛因尿失官

余雖未與蕭仙閣「義結金蘭」，而渠仍深信：他日余或大有可供其驅策之處。故仍不時屈尊過訪，或折節招宴。

天津大辦其盛况空前之「黃會」時，渠復以市長之尊，八行一紙，專簡相邀，幷以預定旅館房間與頭等車票爲餌。房間自未便倩人頂替，而車票則於力辭不獲之餘，連同「貴賓入塲証」，一併轉贈於余診所中十餘年之老司事成啓駿君。成君木訥耿直，而忠實逾人，故恒爲儕輩譏爲「成儍爺」。子女成羣，布衣素食，從未一睹聲色狗馬之盛。

至是，余乃餽以車票與遊資十蚨，使作津門之遊。歸來後，容光煥發，精神倍長，爲其同人與家族，娓娓道「黃會」中之盛況者，累週而不倦。而尤以平生首次坐「頭等車」，且於「飯車」中畧食數事，視爲異數焉，余亦爲之欣愉竟日。

中日經濟開發之首腦，兒玉總裁，匆匆訪平時，宴酢過多，乃突感不適，召余往診之。注射與小休之後，仍能應酬如故。遂一夕招余預其宴會，以示答謝。席間，得邂逅秦德純將軍，時之北平市長也。

秦告余曰：

「數聞仙閣道及大名」，旋即絮絮與余談蕭之「爲人四海」及「口才蓋世」。余惟默然，唯唯諾諾而已。秦似覺余意在言外，乃告余曰：

「此人讀古書甚多，吾聞君於漢學頗饒興趣，是則與蕭大可切磋一番矣！」

余聞秦言，微感不懌，覺其頗有情殷意譎之嫌，蓋渠既屢聞余名於蕭之口，當已深悉余於蕭籠絡之術，未肯就範。奈何仍爲其進言以紿余乎？加之，蕭雖屢以「學冠全軍」自詡，實則余之故都文友，早已洩其底蘊，幷不足以使「化外之人」見而起敬也。

余聞人言：蕭每於得意忘形之際，佯醉以告人曰：

「西北軍裡，眞正把古書讀通過的人，其實頂多只有兩個半。一個是王鐵珊，那半個是湖南才子雷嗣尙。有還一個，人家都口口聲聲說是兄弟我！」

蕭雖自詡如此，而恒時出語，則多俚句，而尤以「尿」字，爲其口頭禪，幾於無語無之。人謂此係其土語，自小養成，余實未知其然也。

「尿」字之用，既極頻仍，其涵義自爾包羅萬象。友人告余曰：蕭口中之「尿」字，可作「駭」解，可作「懲」解，亦可作「欺」解。而「尿了」二字，可作「虧」解，可作「敗亡」解，亦可作「受騙」解。

是故，蕭之口頭禪，幾於華北風雲人物中，無人不知，而率皆與「尿」字有關。舉其大者：

「咱哥倆是肝胆相照的朋友，誰還會『尿了』誰不成！」

「咳，你這麽一來，可眞把我給「尿了」！」

「他敢有個三心二意，咱們先『尿了』他！」

「咱們是老哥們，你就是眞「尿了」我姓蕭的，也還不是哪兒『尿』哪兒丟嗎？」

蕭既口不離「尿」，見人輒「尿」；凡識之者，皆知其語病。久之，遂爲人錫以「蕭尿壺」之名。管翼賢告余曰：命錫之意，蓋有二焉，一則以蕭語多「尿」字；二則隨時爲最汚穢之服務，而絕不擇用之者爲誰也。

人言：「朝陽門事件」時，土肥原力主不爲已甚，永見參謀長和之，遂交涉未久，數語而決。議罷，蕭與土欣然離場後，土忽向蕭低語笑曰：

「蕭閣下！今天是您『尿了』我？還是我『尿了』您？還是誰也沒『尿了』誰？」

蕭聞之，滿面通紅，捧腹大笑。後遂於言詞中「尿」字大減矣。

更有人言：「尿壺」先生之所以漸少言「尿」者，蓋係宋哲元躬自誡之也。先是，冀南保安司令孫殿英，本屬西北軍中驍將，風頭不讓宋哲元韓復榘孫連仲之流。而勢窮來歸，形同伴食，目睹昔日之隨軍閒員（蕭曾任河套設治局長，與一「縣知事」相等），呼風喚雨，自不心服。於是，一夕乃於「進德社」中，佯醉告宋哲元曰：

「明軒，咱們都是同棚的老弟兄哪，有啥就說啥！我看吶，那個蕭仙閣，什麼都能替你爭臉，就他奶奶的不能跟小日本辦外交！他那個一口一個『尿』，『尿』得小日本心想：『咱們二十九軍的人，成天啥都不想，就想着個鷄巴！』」

宋聞言甚以爲然，當其時也，蕭與師旅長廣結「金蘭」，自成一黨，已大觸宋之忌，對之頗有「禮遣」之意。至是，更覺不可耐矣。遂於再度晤蕭時，一聞「尿」字，立即正色告之曰：

「仙閣，咱是個老粗，你可多包涵包涵，也用不着在咱面前專講髒字兒！」

當時在場者，聞有秦德純，張自忠，李顯堂，戈定遠，馮治安，趙登禹，李筱帆，王長海等十餘人，蕭覺無地自容，顏面盡失。翌日，遂悄然返津，表示「倦勤」。而二十九軍中之實力派，則聞之大快。是時也，有小報綴一聯曰：

「小一號登龍因鴨步，蕭二爺丢官爲鷄巴。」

「小一號」者，當時故都最馳盛名之「女招待」也，在食堂任職，而使戶限爲穿，未幾即有金龜婿量珠載之以去。一時傳說：其最動人處，厥爲其行走時，全身扭動，有如鴨然，故該聯於其「鴨步」特加讚美焉。

七十七、蕭劉輔瀛「詩冊」現世

蕭仙閣去職前後，一日，余於「實報」副刊之「瘋話」一欄中，見隨筆一則，大致云：「偶見一精印詩冊，作者爲蕭劉輔瀛，據查乃一市長夫人。」

此外未置評一語，余頗以爲異。蓋余與此欄之作者「老宣」，亦有數面之緣，諒其必非爲懶而忘，遂言止於此，而未多一筆。自忖其中必有文章，乃請管翼賢，告我以個中奧妙。管笑曰：

「老宣此欄，命爲瘋話。是故渠所未贊一詞之事，苟入此欄，讀者自當立以『瘋人之語』，狂妄無稽者視之。」

越數日，此一「老宣」，乃偕管翼賢，以及實報之「打油詩」作家張醉丐，世界日報之副刊名將左笑鴻，聯袂而至。管曰：

「當今之世，奔走終日，始能餬口。而於奔走中，尚以小病小疾爲慮者，眞妄人也。而此中復有不惜血汗錢，悉數貢之於江湖醫生者，實天下之寃大頭矣！身爲外人，而賺盡寃大頭之血汗錢者，自當捫心以問，慷慨解囊，山珍海味，以杜吾口！」

言畢，復笑曰：

「今夕所費，何必掛懷？日前所言之市長夫人詩冊，其無一飯之値乎？」

於是，一同驅車至豐澤園。管亦妙人，入座即謂「跑堂」曰：

「別告訴厨房裡，今天有小日本在座，免得他們在菜裡拼命放糖！」

點菜之任，管曰責無旁貸；而每點一菜，則告我以價，復問曰：

「這是幾個寃大頭的血汗錢？」

管與余固老友也，萬事均「童言無忌」，亦向不介懷。茍遇良機，則余亦對之嘻笑怒罵，令其體無完膚。而事事皆以一笑了之，從無後言。每思老友，神馳心頹，能不泫然？

席間，管示余以一線裝詩冊，以連史紙與「大號仿宋」精印。標簽爲傅增湘或劉春霖一類文人所題，究竟爲誰？余已久忘之矣。書面作褐色，上書「鄦軒唱隨集」，內有詩五十六首；前有序，序中頻頻贊其「外子」，而序末署名者，則赫然爲「蕭劉輔瀛」四字。自始至終，泰半爲夫妻唱和之作；而十之二三，則該「外子」之傑構也。

蕭劉輔瀛者，爲當時在華北炙手可熱之貴婦人。識之者，自亦知其「外子」爲誰？何以此賢伉儷，忽欲以閨房中苦吟得來之句，公諸於世？何以於詩冊中又不逑其夫之名？又何以自號其私邸曰「鄦軒」？均令我難以索解。

左笑鴻曰：以彼度之，「鄦軒」，或來自「鄦侯」，疑係市長自況於漢相國蕭何之意。此一詩冊，自未能於坊間得之；而率由「相國」夫人持之以餽友好，故左雖輾轉得來，而頗屬非易。

余於筵間，匆匆瀏覽，老宣與張醉丐亦從傍指點，且評且釋，頓開茅塞不少。其中之珠光寶氣，實令人有目不暇接之嘆。如「過趙子龍廟長歌」有句云：

「諸葛關張奠帝基，

三國紛爭苦亂離，

獨戰長坂功難比，

七進七出世間奇。」

讀來頗似鼓詞之作，又有「長城血戰舊址口占」一首曰：

「齊魯男兒胆氣豪，
揮刀躍馬欲收遼，
喜峰口上風雷動，
關岳功名一羽毛。」

顯係蕭於渴望察哈爾省主席一職時，書此以向宋哲元獻媚者也。

張醉丐久爲「實報」撰「醉丐打油詩」一欄，辛辣詼諧，兼而有之，甚爲社會歡迎。席間，三杯下肚，忽擲箸曰：「吾得之矣！」即呼「堂倌」取紙筆來，一揮而成「讀鄴軒唱隨集後偶成」四首：

「市長夫妻大筆揮，
唐宋名家兩淚垂，
悔不當年學驅鬼，
吟詩今似畫鍾馗！」

×　×　×

「鄭侯墳上起紅光，
相國冤魂未肯降，
吾門子孫眞不孝，
爲著朱衣『尿』亦香！」

× × ×

「河套承宣氣呑天，
盜國功臣豈等閒，
『尿壺』飛昇原易事，
只在蝦夷一笑間！」

× × ×

「諸葛迂儒公瑾狂，
如今英傑屬蕭郎，
賣國歸來詩興動，
笑擁夫人寫幾行！」

張醉丐書畢，擲筆抱拳曰：

「得罪，得罪，醉中語及貴邦矣！」

余曰：

「亂臣賊子，人人得而誅之。正義之感，舉世皆同，遑論中日同文同種者哉！」

張乃大快，是夜遂爛醉如泥而散。

醉前，管翼賢告余曰：

「自老宣攻訐此一詩冊後，各方電話，紛至沓來，均係代蕭說項，或逕欲代其取回詩冊者。

未多日，而蕭已失歡於宋哲元，日人亦棄之若惡疥。於是，蕭更憂有人藉此詩冊，以爲『打落水狗』之用，乃千方百計，圖以重禮易回也，」

而余始終不解，何以蕭呼風喚雨，數載於茲。倘欲以文名世，何不斥其幕賓，代爲捉刀？或加斧正，使其少貽笑柄耶？管翼賢默然有頃，亦覺無言以對。

七十八、朱樓悲劇

福開森君，雖爲一美僑，久居中土；而其爲人與操守，則視潘復與蕭仙閣之徒遠矣。余以福君之介，遂稔清末翰林院中人，杭州樓興詩君。

是時，鼎革雖已逾二十年，而樓之一言一答，仍似古人。子女二人，則以醉心革命，聯袂東渡。歸而儼如土生土長之日人，與中土一切格格不能相入。父子女間，唯一共通者，厥爲其對民國之憎惡耳。樓興詩雖自稱不問世事，而每聞復辟之訊，輒欣然而躍。

其子爲「日本士官」畢業生，力倡「中日一家」，旋得某巨公書，委爲上校，欣然前往就職，竟從此不知所終。

其女樓詠琴，能詩善舞，綽約多姿，交接者泰半爲日人中之三教九流者。余屢以其父對伊期望甚殷之故，諫其善爲自處，弗聽焉。

日本關東軍唆石友三部偸襲故都之前後，北平西城有數處地裂，焦氣四溢，而路現龜紋，樓興詩君以高年睹此平生未經之異事，深以爲憂，竟心顇而死。

未幾，樓詠琴女史偕一留美碩士朱彭壽來訪，二人已議婚嫁矣，只待余爲樓方之證婚人耳。婚畢，而二人已爲「親日」與「親美」之爭，動輒爭吵竟日。

樓必於其寓中，設塌塌米焉，雖夫至亦必先脫履，始可登堂入室。又每日必有「茶道」典禮一通，朱自引爲苦甚。而朱之必聽跳舞音樂，必用刀义，力倡以三明治或冷菜，取午餐而代之，樓亦絕不能耐。

未久，二人即起正面衝突。樓出，則朱取其日本香爐，竹蓆，醃瓜，牌九，擲之窗外。反之，樓則盡棄朱之唱片與名酒、明星簽名照片於垃圾箱中。俟樓誕一女後，朱更以工作關係，長留津門。樓則居於故都，中日之男友兼收並蓄。余聞之惟長嘆而已。

樓於新婚之際，曾錫其夫朱彭壽以「二八」之名，其意何在？人莫與聞。自是，朱遂以「朱二八之名，斐聲於友儕中焉」。

一日，樓忽携一西裝筆挺，油頭粉面，口操日語之男士來訪。余叩其姓名，樓急答曰：

「二八，余之夫也，此乃余之情郎也，故余擬名之爲『一四』」。

是後，余遇此「一四」君，何止十餘次，而始終未悉其姓氏，亦不知其究爲日人否？自是，朱樓之間，相殘日烈。樓則唯日是善，而朱則極端親美，憎日特甚。酒酣耳熱之際，朱彭壽常撫余肩低語曰：

「余所最恨者，『小日本』也。一生所遇日人，令我眞忘其爲敵者，不過三數人耳，而君其一也。何以致之？吾亦不解？」

余聞之，倉皇無所對。數年後，朱以「抗日有據」之故，盡命於憲兵之手；而余則顛沛歐美。驟失故人，悲思無限，豈僅臨風零涕而已哉！

一日余詢樓詠琴曰：

「爾呼朱爲『二八』？可得聞乎？」

樓施施然答曰：

「八者，豬八戒之簡稱也。吾以其醜，雖豬八戒亦當自愧弗如，故以名之。」

余知其與朱之結合，並非所謂「父母之命，媒妁之言」者，遂頗不懌於其見異思遷之速而且厲，遂進而詢之曰：

「然則君之『一四』先生何如？」

樓莞爾弄姿，如大阪與橫濱之懷春少女狀曰：

「君亦識近衞文麿公乎？吾之『一四』即酷如其人，此余所以一見傾心者也。」

余亦笑應之曰：

「倘近衞公得悉君之深情，未知亦能如『一四』先生，欣然以『一四』自號耶？」

是時，朱每週必乘車來探其獨女朱亞詩。每至先來余處，再以電話向樓通知，故渠與「一四」先生終鮮把晤之緣。一日，朱於余處久電樓而未達，閒中與余對酌，遂有小飲而微醺，整顏謂余曰：

「吾稔君有年矣，他日或有後事相托，君將拒我於千里之外乎？」

余曰否，朱乃欣然曰：

「余無父母兄弟，僅一女耳。樓之以招蜂引蝶，堅其『美艷絕倫』之自信，余已稔之久矣。徒以吾女之故，不欲其生『有母如娼』之感耳。余生當亂世，而頗不耐袖手旁觀。或有一日余將爲人置之死地，縈懷者則余女亞詩也。倘君對爾我交情，尚懷一念，請代照顧余女，則感甚矣。」

余聞之悚然，惟有諾諾而已。蓋余亦早悉樓詠琴於日方人士中，長袖善舞，面首成羣，行逕頗類一「色相間諜」，第不知其爲日本用抑爲中國用耳？今朱君忽出此言，其不祥之預感使之耶？抑對余有以試之耶？

七十九、饒孟任教楺升木

一日，北洋時代之名人饒孟任，忽來余處，狀極委頓，舉止失措，逡巡久之，欲言又止。多年來，余屢歷政變，昨日猶呼風喚雨，而今日已惶惶然如喪家犬，但求覓一逃死之地者，實累見不鮮，且亦不時錫此輩以舍下方寸之地，使避「風險」。上天有好生之德，余雖對政壇之風浪，無動於衷，寧可逆天而行，見人有危而不予以援手乎？

以是，余遂疑饒孟任之來，爲避禍耳。外間或已有其政敵之緹騎，伺於門也。遂力促其小休於余處，三數日後，再議行止。并謂之曰：「勿沮勿憂，雖天大之事，明後日觀之，復覺其小矣！」

饒者，聞與同盟會關係極深，而於軍閥亂政時，則儼然爲司法界之魁首。北方底定之後，政壇似已無其施展拳脚之地，遂改業律師，包攬訟事，所穫驚人。「推事」之流，聞其名而心動，睹其「手面」而色授魂與。於是，不旋踵而成北方律師中之第一矣。而是時，以政客之身，善舞之袖，爲人包攬訟事，藉刀筆而享律師大名者，雖已有王章鄭魏四雌雄，惟皆在南方；與饒固「井水不犯河水」也。

余挽之旣殷，饒乃意動，卒曰：「余食不甘味者，累日矣。今當與大夫一醉，請爲我令豐澤園送一砂鍋魚翅席來，可乎？」

余罷診時，饒已於客廳中沙發上，沉沉酣睡矣。二人據案對酌有頃，饒始漸吐其錐心切腹之痛，蓋此來絕非與政治逃亡有關，實乃禍起閨中，紅杏出牆耳。

饒係川黔產，家有糟糠，自毋論矣。東渡負笈，與縱橫政壇之際，均迭有娶離、離娶之事。旣爲律師以餬口，風光手面，均與當年相去頗遠，熱心利祿如彼者，自感寂寞特甚。一日，忽有一奇富之貴婦，駕臨饒處，囑以代辦離婚之事。饒乃食指大動，搖唇鼓舌，多方開導，授其於離婚前與離婚時，向夫「淘金」之術。其計果售，未幾遂人財兩得。不圖此貴婦於歸饒後，仍對天下男子目光如炬。於是，乃有一身兼「潘驢小閒」四德者，忽成入幕之賓。而該貴婦遂以饒前授「淘金」之術，盡淘饒之金以去。昔日司徒，而一敗塗地以至於此，頓首呼天，亦於事無補。饒於精神恍惚，百計俱窮之際，猶思以「苦肉計」，遂其破鏡重圓之願。欲令余告其逃妻：「彼已深受刺激，神經失調，長此以往，必死無疑」，冀以此誘伊人攜其重金，復歸於饒也。

余告以覆水難收，收之無味；縱今年收之，能保其明年不再覆否？饒知余不欲為其用，默然久之，惟狂飲而已。

是夜，彼堅欲囘庽，余亦唯聽之耳。越一週許，偶與余相值於東安市場，身伴已有一珠翠遍體之麗人，而饒亦精神抖擻，恍若另一人矣。

余旋聞：此一麗人，乃北方一大軍閥之下堂妾，極富纏頭之資。既委身事饒，「饒大律師」乃又雄於貲矣。後復一至余處，請為之診鼻。蓋饒雖身材適中，豐碩有度，翩翩然有「銀行分行經理」之風，惟其鼻端紅色雜陳，俗所謂之「酒糟鼻」也。該麗人或頗以為忤，故饒必欲去之，余辭以學非專長，介之於吾友天津日醫井上君。自是，余遂未重逢此君。

人言：此一麗人曾爲「狗肉督軍」之寵妾，與饒邂逅幾達及一年，始歸一北洋世家子。但亦有人言：麗人與「狗肉督軍」毫無關係，自歸饒後，亦從未見異思遷，而饒遂突以瘵疾，逾年而死云。

余於饒印象特深之故，蓋彼曾屢示余書柬數事，署名悉爲「中州」，更稱余爲「道兄」。此外亦有署名爲秋山定輔與犬養毅者。聞其接交，睹其爲人，頗令人有撲朔迷離之感。爲「名律師」者，其人如是，法云乎哉？「法治」云乎哉？

饒嘗介其戚萬兆芝於余，亦一政客而兼「名律師」者也。萬爲鄂產，人極圓滑，其精明過人處，與管翼賢只在伯仲間耳。萬亦常出不凡之語，一日謂余曰：「極樂世界一域，逕可以舉足登之，但待人間無警察，無醫生，無律師時，即得之矣！何以故？無警察時，則自已無盜賊。無醫生時，則自已無疾痛。無律師時，則自已無違法亂紀之人也。」

萬與鄂系軍人，如徐源泉，何成濬，蕭之楚等，均頗有淵源。人言，渠於此鄂軍宿將之處，均例有「乾薪」，每月寄來。苟北方有所醞釀，或此三公欲與北方風雲人物有所連繫，則萬均可爲之分憂。渠等更常於風雲變換之際，電萬以求其策，依賴之殷，由此可見。

人詢萬曰：「君旣爲三公所重若是，曷不襆被歸鄂，就近爲其朝夕劃策乎？」萬笑曰：「彼所需者，縱橫家也。而縱橫之能久保其富貴者，蓋以其身掛六國相印，而永不朝夕隨侍於一王一侯之後也。是故，張儀豎子得以顯貴，而商鞅、孔明，鞠躬盡瘁，終至悢悢亡身也。蓋此三公，數千里外，來電求策者，需我也，貴我也。與之相隔關山，則吾之地位如客卿，如師友。苟去而就彼，則朝夕伴食應卯，地位乃一降而爲幕僚，爲部屬矣。余愚豈至於此？」

余於日曜之日，亦難小休，故恒每年兩度，稍作遨遊。萬忽以電話詢余曰：「余知大夫又將作小休計，其有意一遊漢臯乎？」

余醉心山水，復酷嗜古蹟，而獨於三楚風光，意殊淡然，遂遜謝之。萬曰：「余將赴漢一行，以祝某將軍夫婦之雙壽。君若同車，則兩不寂寞。何況『黃鶴樓上看翻船』之絕景，非身歷其境者，不識其味也。」

八十、謝道智御妻有術

余對某將軍所識無多，僅有三面之緣而已；最後一次晤面所談者，則泰半爲養生滋補之道，以及男子更年期間之若干現象。余覺彼與多數政要迥然不同之處，即在其絕口不談政海人事新聞，亦對現實問題，甚鮮議論。所談者無非攝生與風月，嘉餚與美饌而已。言時亦諄諄然，如一老嫗，談天寶故事於其繞膝子孫之間。深沉穩重，殊少粗獷之氣。絕不似北方之綰兵符者，雖綸巾羽扇，談笑風生，而猶令人有「殺氣騰騰」之感。

惟某之舉止意趣，亦絕不類一現代之新軍人；而與泰西及扶桑之所謂「儒將」，亦逕庭遠甚。

某之軼事逸聞，余於赴漢途中，已自萬兆芝口中，得有相當印象。旋於漢皐酬酢中，得識江漢關監督謝道智，遂如入寶山，有取之不竭之勢矣。

謝之「紗帽」雖不若某之大，而海關乃半洋機構，收入之巨，絕非理地方財政者所可望其項背。更有「洋員」以備諮詢，地位自於無形中提高不少。故某將軍與謝於誼屬同鄉之外，復為「牌友」，「嫖友」，幾於無日不一聚首，無話不談。

謝性豪爽，極似燕趙人物。虎背狼腰，聲如洪鐘，斯人一出，衆皆辟易，人皆戲稱之為「大花臉」，蓋每有謝出場之處，輒當衆「哇啦啦」大叫，而能令在場者自慚形穢，鴉雀無聲，頗似張飛李逵巡閱中軍之情景也。

謝「大花臉」，與余至友丁春膏君為至友，曾同在宜昌，設計倒袁，以應義師。故甫經介紹，即一見如故。堅邀至其如夫人之處，促膝作「竟夜之談」。此公之如夫人，亦豐頤如戲台上之「大花臉」人物，而對謝馴順温柔，幾使人疑其產自三島。不旋踵，已有二男童長拜於堂下，蓋其子也。

謝一一爲余介之曰：此余之二雛，「和尚」與「猴子」也。旋即告余以命名之意：「和尚」者以其呱呱墜地之際，頭如牛山濯濯也。「猴子」者以其在襁褓中，面瘦而多皺紋也。

未幾，謝復挾余呼嘯而去，往晤其「正宮」太太。謝入內室，叱之如雷而後出。旋又有二子，年較長者，長拜而入。謝爲余介之曰：

此余之二小犬，「和尚」與「猴子」也。

余以在「如夫人」處，已識其「和尚」與「猴子」；何以此間又有「和尚」與「猴子」乎？

謝似窺余意，笑以目止之曰：

「和尚」者，以其靜也；「猴子」者以其動而不停也。

余瞠目不知何以爲對，惟有效京中應酬之慣例，頻呼：「好相貌，眞好相貌」而已。

有頃，謝復扶余臂而起，長笑出門，驅余登車，另訪其「小脅」。余不能耐，遂於車中詢其何以有二「和尙」與二「猴子」之故？

謝笑曰：

余之「側室」，乃所謂「兩頭大」者，蓋於婚嫁之初，明知幷非元配，而欲自立門戶，自封「正宮」者也。故於酬酢場中，人皆必以「謝太太」稱之，而不能冠以「謝二太太」之惡名也。此兩婦人，碍於「兩頭大」之故，雖未能於其名銜中，爭風吃醋。而於其所出，輒斤斤計較不休。余遂冠以同名，而其母不知也。是故，余在「側室」前，即偶憶及「元配」之幼子，或在「元配」前，憶及「側室」之長子，其名則一，而其母則亦以爲余意在渠子，而不以爲忤也。

余惟嘆曰：「御妻術精如君者，今世不作第二人想矣！」謝之「小眷」，年甫及笄，對之頻作小鳥依人之態。謝顧而樂之曰：「余垂垂老矣，有此尤物以助余還我青春也。伊歸余半年，余已自覺元氣充沛，筋血健旺，數倍於前。『雪公』所言，實不我欺！」

八十一、某將軍採補養生

「雪公」者，某將軍在鄂之尊稱也。謝語余：某旣貌如老猴，遂有善相者告之曰：

「此乃大貴之相，或即史間所謂峨嵋古猿，吸收千百年日月精華後所化作者也。」

自是，某雖聞人以猴況之，名之，亦毫不介懷。且於床笫風月間，誅求無厭，惟猿是肖。自在武漢拜受「上方寶劍」之後，威勢赫赫，誰敢忤之？第某深信「採補」之說，又私以「臨凡孫大聖」自况，遂致「頻召處子」，非此不樂，非此亦不能入眠！

某在鄂爲王者數年，荷謝道智與萬兆芝所談者，未悉屬向壁虛構，則身爲其子民者苦矣！其身爲子民而未破瓜者尤苦矣！悲夫！

謝云：此公於採補術，自信頗有所得，故已視「處子」爲藥，一煎而服，再煎則已等「藥渣」矣。其副官衞士，稔之甚詳，故常以「搜求處子」爲大事。始則求諸偶然，繼則多方尋問，終則坐守於女校之前，以待貧寒家女。

聞此一「再世孫大聖」之官邸，頗富林園之勝。後園中有一精舍，孤立遠懸，花木重重，雖驚呼絕叫，外間亦弗聞也。此公夜夜必來，以資「採補」而「補」畢即去。補藥爲何人？何年？何家子？何以來此？均不置一問。「進補」所餘者，自即入「藥渣」之選，均資遣之；而亦有爲他人所收納者。

此公既悉僅在「補」，絕無戀眷之意，故雅不欲女識其面貌，一以避日後之糾纏，亦恐女見其「猿相」而大驚，致敗雙方之情緒也。

人云：亦有副官與衛士，鍾情於民家女，而屢遭女家峻拒，未能遂乘龍之願者，遂先假虎威，強「娶」之入官邸後園精舍中，明知僅此一夕之後，則伊人必歸我矣。

此一巨公，何以行爲荒誕若是？殊難得人諒解。或謂其志在「採補」，故每日非「新藥」不可。或謂其過信相者之言，以古猿自況。而前人有說云：「猴非八妻不樂；猿則以一雄而對十二雌；彭祖其人，亦半猿也。」總之，其御鄂女之衆，破瓜之頻，則余於謝萬二人口中，已可見其一斑矣！

惟余聞此公遇其下頗厚，追隨者多德之，或閉目不問其「採補」之事。渠以中原大戰，天下板蕩之際，苦守平漢一綫，屢爲敵挫，而雖敗不怯，故爲當道所重，倚爲華中之萬里長城，而與湖南何鍵同稱「異數」。年深日久，二人遂儼然「土皇帝」矣。萬謂余：一夕長沙鬧市有狂士以「燈謎」示人。一謎語曰：

「三國丁廖，翹首鄂湘。」

揭之既久，苦無應之者。遂乃揭曉其「謎底」曰：

「奉化之輩，奈何奈何？」

此二何者，蓋指何鍵與雪公也。未兩日，設謎者已爲何鍵之緹騎捕去，聞旋即以「惑衆歹徒，滋事爲非」之罪名定讞，從此莫知所終。

一言喪邦，雖不足信；一言傷命，則是時是地，誠信矣哉！

八十二、桓侯廟逢兇僧

余滯漢臯時，正欲爲匡廬之行，謝道智忽持一電來告余曰：「丁春膏適來電，即將抵漢，作入川之行。君曷稍待？」翌日，丁即抵埠，把握甚歡。據云：「中央刻正驅軍入黔川各省，其意蓋在乘此統而一之也。軍事方面已有精銳萬人，別動隊一總隊，憲兵一團挺進入川矣。隨之而入者，明有行營主任賀國光，財政特派員關吉玉。而暗則有身份不明機構之女代表周敦瑜，財孔之銀行界秘使龔農瞻，稅收方面秘使我也。」

丁雖銜命行，意殊不舒。私告我：財孔以其祖丁文誠公，清末督川多年，極爲川民所愛重，父老至今念念不忘。財孔欲闢巴蜀，爲一重要財源，而又欲於肇始之際，盡量收歛民心。彼深悉丁在北方極富清廉明正之譽，故擬假其爲己之金字招牌，藉以順利「收川」。

是時，丁爲中法儲蓄會之執行董事，代李思浩輩負責維持該會於風雨飄搖之中，而財孔則屢欲收該會爲己有，壓力頻頻，益使該會深感自危。是故，當財孔向丁折簡相招，密挽其作四川稅務秘使之行，丁迫於中法儲蓄會之厄運在望，不能不一行以敷衍之也。

丁「秘使」之任，雖身爲四川財政特派員關吉玉者，財孔亦未使與聞其事。故丁此行，乃簡從輕裝，除一价外，惟偕陳姓郎姓之兩「視察」耳。而此二君亦皆作僕役裝，俾不致觸當地軍閥與「關特務員」之忌。

丁復凄然謂我曰：「余此行實非得已，心煩意亂，度日如年。今幸遇故人於此，而更幸故人之有暇遨遊，曷即伴我一遊三峽乎？

再至重慶，俗務紛紜，自不敢再瀆清神。則君或登峨嵋；或往探黔中山水，以至桂林天下絕秀之地，或則再循三峽附輪而下，均隨君自便也。」

余立諾之。遂偕登重慶民生公司之一「巨輪」，但憶其名爲「民×」，係川中實業巨子盧作孚所有，噸位雖不及外輪，而整潔有序，則實過之，輪上員工，均着灰色制服，彬彬有禮，一如歐西經營有方之輪渡。余與丁均甚異之。

途中風景，愈行愈奇，令人有觀賞無盡之感。輪至雲陽，舟子遙指山巓一點紅日：「此張飛廟也。」

於時，碧空萬里，浮雲冉冉，遠山處烟籠霧漫，時隱時現，如在仙境。而此一張飛廟則矗立絕峰，戟指藍天，一若有所不甘雌伏者。如此奇景，令人心醉，余乃力說丁作半日之遊，明晨更附民生公司它輪溯江而上可也。丁然之，乃欣然偕陳郎二君「遞飄」登岸。「遞飄」者，是處無碼頭，必須藉扁舟以上下也。

雲陽市街，既陋且溢，殊無足觀。旅舍皆置一燈籠於門外曰：

「未晚先投宿，
鷄鳴早看天。」

或曰：

「日之夕矣君何往？
鷄既鳴兮我不留！」

十人有九，纏頭以巾，口銜烟袋，盤膝坐於茶館之中。鄉人告丁曰：「此地有張飛廟二：一在山脚，名張侯廟；一在山頂，曰桓侯廟。後者參拜甚難。惟神像後有古井一口，傳即范疆、張達殺張飛之後，獻首於孫權；孫以避禍故，棄之於是。土人珍之，投於一枯井，而潤之以油。故張頭平時深沉井底，有人灌入油百升時，頭即浮至井口矣！」

以余記憶所及，雲陽既無電燈，亦未見一汽車。上山時，余曾遇三五戎裝者，挺胸躍馬而來；其馬均奇小如驢，乘者二足幾已及地，似此僅較泰西警犬略大之馬，非目睹絕不信其有也。而猶稀不可得，欲登山至張飛廟者，唯有乘「滑竿」耳。

「滑竿」者，以二長竹爲之，中間有一鍋狀之坐具，或爲竹製，或爲繩製，或爲米袋。二人掮之而行，上下如飛，似履平地。登山時，且行且歌，似皆爲相互警惕行路安全之意。余僅憶其一，前者歌曰：

「脚下石子亮堂堂，

後者立和曰：

上坡下坡莫要慌！」

路似匪遙，而抵廟時已近黃昏，誠非初料所及。丁固猶遊興盎然，而隨行之郎陳二君，已憂形於色，蓋深慮夜行山路，必逢盜匪也。

廟中除住持外，僅有山僧三二人，濃眉大眼，與想像中之化外緇衣，逈不相同。張頭深沉井底，灌油百升之後，即可一睹之說，似非虛語。惟住持言：年來民生凋敝，來此觀張頭者，歲無一二；寺僧又慮人盜此古物，故已覆一大石臼於其上。必須先去石臼，始可灌油入井也。

臼既去，而暮色已濃，廟內陰暗低沉，益增肅殺之氣。而廟外山風頻起，蕭蕭而過，更令人有置身鬼域之感。移時，油滿幾及井口之際，遂突有一黑物，其大如一椅墊，泛泛然而上。餘暉慘淡中，實不能辨其究為何物？而住持已令山僧與余等羅拜井旁，喃喃謝罪曰：「有勞三將軍大駕」！

旋即呼衆以臼覆之如前，余回顧郎陳二君，已張目無言，呆如木鷄矣。

余與丁各奉「佈施」之後，住持復堅留我等一飯於寺。且曰：「我輩僧衆，居此廟以侍張桓侯者，不忌葷腥，自當以山鷄野味，一快先生之朶頤也。」

余等遜謝，而丁慮特合時宜，改請住持假山僧一二人，於夜色中導余等下山。住持亦一解人，大笑而起曰：彼當自任之，且囑一徒以為助。行前更携來「松明」數枝，以利步武。「松明」者，以松枝為束之「火把」也。

丁私告余：「君向聞『買路錢』一詞乎？此時此地，非此不可。」

余遂與丁各出三十蚨，付諸住持之手，倩其沿途妥為安排一切。住持以手拍胸曰：「有我出家人在，就沒得『棒老二』！」

「棒老二」者，匪之別名也，以棒擊路人，而掠其財去，故有是名。

住持深慮余等沿途胆戰心驚，遂盡起全廟僧衆，前呼後擁，以爲「保鏢」之用。途中果有三數次，路邊黑影幢幢，語音嘹亮，似有多人在焉。而住持應答如流，寒喧數語，余等之「滑竿」，即得安然而過。余非身歷其境，絕不信有其事。唯有默坐「滑竿」之上，嗟嘆「天下之大」而已。

既抵雲陽，余與丁復宴衆僧於逆旅之斗室中，殊衆僧皆嗜肉，且豪於飲，亦一奇事也，對酌間，住持始告余等：剃度前，彼乃川中軍閥但懋辛部一團附也，殺人如麻，而有子女近十人。一年，時疫流行，子女盡歿，其妻臨終時謂之曰：「汝殺人多矣，傷德多矣，故有是報！」

彼悔恨交併，乃大悟人生，棄官而遁，以張侯廟地僻人稀，易於隱居避禍，遂剃度焉。而未幾舊性復發，盡逐廟內諸僧，而自爲主持；幷結納四週之「棒老二」與「袍哥」以自保。後數年中，復有多人，來求「掛單」。彼僅留其三，對餘衆皆拒而不納。此三人者，悉昔年之丘八也，而尤以一田頌堯部之機槍連長爲最。夜深酒酣時，彼曾爲余道其平生得意之作，歷歷如繪曰：

「老子三挺馬克沁，擺開在湖堤上，只朝着人多的地方，トトトトト，殺得他龜兒子血流成河，只跑脫了十三四個『匹娃』！」

盤桓經宵後，衆僧復殷勤送至江干，依依作別。「遞飄」赴輪之際，丁忽忍笑告住持曰：「長老勿罪，此君乃余之老友，一日人醫生也。」

衆僧聞此，怪眼圓睜，莫知所措。而其住持忽撫余肩大笑曰：「格老子，朗個日本龜兒子同老子擺得到龍門陣？

××的媽！你龜兒子硬是要得！上有青天，下有黃泉，你龜兒子同老子莫『蹭蹬』，老子同你刀山進，刀山出！誰個『屁娃』敢拔你龜兒子一根毛，老子的人馬，不殺他個七進七出，你叫我『錘子』！」

嗣後，丁告余曰：四川土語中，「朗個」者，緣何也；「硬是」者，實係也；「蹭蹬」者，謊言或胡爲也；「屁娃」者，「斷袖」之人也；「錘子」者，日人所謂「男根」也。

八十三、川省佃戶即農奴

余既伴老友丁春膏入三峽，初抵山城重慶，即覺其囂塵逼人，與余所習慣之燕京幽靜氣氛，大相逕庭；遂欲附次日之輪東下九臯，以登匡廬。

殊財孔之另一秘使龔農瞻，時已在渝鵠候丁數日。見余後，更大露親切之狀，蓋渠乃十餘年前之留日學生，平日頗乏機緣，於川中一談其日語，故堅欲一盡地主之誼；且力邀余赴渠之故鄉江津一遊。

龔係蜀產，家有良田千頃，又爲川中財閥康氏兄弟股肱之臣，久以美豐銀行爲其禁臠，位尊而多金，實已臻人間飽滿之境。第其人熱中官場，「紗帽」之癮奇大，故乃樂爲財孔所用。且自度其政壇名望，不若宮保世家之丁，故雖同爲秘使，而實如司道。遇事輒請示於丁，頗予人以逢迎惟恐不週之感。

余深悉吾老友丁君，淡泊耿介，志在激濁揚清，而不在名利場中大打擂台。故龔事之愈卑謹，丁亦輕之愈甚。而惜乎今世似龔之人特多，而若丁者已少於鳳毛麟角矣。

龔之故里，爲江津近郊龍門灘，江流湍湍，至此險灘重重，且有一地，下洩如瀑，亦美亦險。登岸時，已有華貴之「滑竿」二乘，佇候余等。行約一句鐘，始抵龔府，其處深宅大院，屋宇連綿，雄踞於小阜之上。遠遠望之，頗有侯門氣象。

飯後，龔復偕余小步遠眺，以示其故鄉之美；然以余觀之，亦無足奇。唯一足記者，厥爲散居於其府四周之「佃戶」人家，均在小康之境，鷄鴨滿園，猪羊成羣。而身爲家主之人，則均是日爲我等掮「滑竿」之力伕也。余爲之大詫，而龔笑曰：

「此間，非如是不足以示佃戶對『東家』之忠，亦不足以揚『東家』對佃戶之威嚴也。此輩出外時，皆賃滑竿以代步，而每逢東家需代步時，則責無旁貸，概由彼等自任力伕矣。」

此爲余作龍門灘之遊時，大開眼界之一端。孰意於翌晨閒步間，即又得親歷一平生聞所未聞之事。

余晨興時，龔尙高臥未起，幸其園庭廣衆，足供閒步消遣。抵前院時，忽見龔之介弟「厶老爺」，與其婦「厶嫂子」，正向昨日掮滑竿之佃戶及陌生者多人，指手劃脚，發號施令。

「厶老爺」刻充乃兄府中之管事，龔對之亦爲「部屬待遇」。故龔與余相對之時，「厶老爺」皆不與焉。以是，彼亦不甚了了，余於漢語，究解幾何？是晨，與余互唱喏後，即對庭前佃戶繼續發令。

余於此十餘分鐘內所耳聞者，實令余愧憤交併。蓋「厶嫂子」正向佃戶各派其「份」，而「厶老爺」則書之於「賬簿」，以資查核也。

「厶嫂子」之語，余不解者有半，大畧謂：

二老爺現實有貴賓在家，自當每日五餐伺候。

此五餐者，除晚夕二「點」之外，必須「尊主敬客」，採取「吃一揀二眼觀三」之制。是故，府中厨房待汝今晨交來油母鷄若干隻；待渠交來上好精肉若干斤；待彼交來肘子若干對；待伊交來鷄蛋若干枚；待爾交來上等豆油若干桶；待汝交來鮮菓若干籃；待爾交來上好茉莉花茶若干筒；……其餘蔬菜西瓜，平均分配，人各若干挑。……」

余既不忍亦不敢一窺衆佃戶之面目表情，惟有自恨魯莽，來此徒增彼輩終歲辛勤者之無聊負担耳。

反復思之，益不能耐，乃立趨龔之寢處，鵠候其興。見則告之曰：「余决速歸，即日東下，此來爲銘謝與道別也。」

龔見余堅不欲留，遂即摒擋諸事，草草登程。捐余等之「滑竿」者，則仍爲其府傍猪羊成羣，糧穀滿倉之「佃戶」也。

輪次抵渝，余卒詢龔曰：

「貴地有『吃一揀二眼觀三』之語，此何謂也？」

龔撫膝大笑曰：「此其先生匆匆言旋之故乎？吾弟婦『幺嫂子』，夙以此術，令諸佃戶供其每年薰臘所需之猪鷄也！」

余仍固請其告以「吃一揀二眼觀三」之涵意。龔對曰：「吾鄉之大紳，若有數載難逢之貴賓來時，輒以『吃一揀二眼觀三』之盛宴待之。此語，蓋以比例言之。意謂上桌之菜，天下皆謂爲美味者，至少當有六分之一；味美而喜惡由人者，當有六分之二；悅目壯觀而味平平者，亦須有二分之一。故菜上桌時，琳琅滿目也。」

余始返渝，是夕即於宴前邂逅重慶仁濟醫院一外醫，以及求精學校美籍之貝牧師；二人皆應龔所邀以晤余者。殊甫經把握，該外醫即以英語告余曰：

「川中軍閥多如牛毛，此傾彼覆殆爲常事。惟年來此輩已得一斂聚民心之捷徑，厥爲高呼『以日爲仇』是也。呼此最响者，雖未必定能底定巴蜀，而捐欵之來已以萬計。君爲日醫，無端冒此巨險，實爲不智。倘好事之徒，以殺君爲獎劵，藉以名利雙收，則君之命運慘矣！」

歸時，乘「滑竿」經一巨宅，門首大書曰：「國民革命軍第二十軍少年軍軍部」。門前有年可十二三之童子四人，皆着灰色軍服，背負單刀，手持步槍，槍猶高於其頂。四童值此稚年，當屬「黃金時代」。睹此，令人憐愛交併。余意：中土地廣人多，不乏壯士，雖黃口亦有汪錡之志；寧忍失天下父母之心，令乳臭小兒，暴骨疆埸，馬革裹尸乎？

翌日，余乃乘輪東下，登匡廬以作小休。丁春膏送余至江干，喟然曰：

「君與吾籍屬兩邦，而困境則同；蓋我二人均處於污泥而不染耳。余之官場，君之日本，其非汚泥也何？」

八十四、川船水手不救溺

余幸以友情難却，得爲三峽之遊，山光水色，實爲余生平所僅見。自得畧識此鬼斧神工之畫境後，余於品評天下名山勝水之時已審愼多矣。

此行唯一美中不足之處，厥爲再抵酆都所目睹之一幕人間慘劇。

是時，余在大餐間外之甲板上遠眺，見有二三「遞飄」小舟，逐浪而來。未識何故，我輪鼓輪向右廻轉，輪激浪起，漩渦益衆，一舟距輪尾較近，忽如落葉，被浪捲覆，除舟子外，尚有男女各一，箱籠數事，均陷波濤。岸邊江上，尚有小舟十餘，似亦目擊此事，故遂槳棹幷舉，飛抵該處。而令余大驚者，厥爲彼輩爭先撈取箱籠，而無人投一瞬於載沉載浮之一雙男女也。

尤奇者，輪上「大副」與水手數人，均憑欄指點，時向撈取箱籠者，呼以戲謔之語；而「救生圈」雖在咫尺之處，但煩舉手之勞，亦始終無人取之擲於水中也。余始則大驚，繼乃大奇，終則大憤，乃飛步取之，投向溺者。再欲取另一「救生圈」，竟有二水手執余臂而阻之曰：

「君若甘他日溺死，悉聽尊命。惟勿連累我等，否則惟有白刀進紅刀出而已！」是時，輪亦忽速，瞬息即棄其餘之「遞飄」小舟而去。執余臂之二水手，亦露齒而笑曰：

「適才魯莽，幸勿罪我。日後當知我二人乃君之救命恩人也！」言訖，揚長而去。余猶憤然，而大副已至，首致歉仄之忱，繼謂彼雖目睹其事，亦深信二水手所爲，實出善意，絕不能以之爲罪也。

余怪而問之，大副曰：

「川江險灘重重，舟覆人溺之事，久已習以爲常，故人皆迷信，寧信其有，毋信其無。俗謂溺死者必得一『替身』後，始可超生再世，皆日夕以覓人爲念。故每有落水者，人皆信其爲溺死鬼所擇之『替身』。援手而救之，必觸鬼怒，而思報復，則將來溺死者，即爲此救溺者於不死之人也！以是，於川江拯一溺者，直若引火上身，絕不爲同舟者所諒，蓋此輩深恐連累也。」

晚餐時，余以此陋習詢諸船長，而所答畧同。余亦惟有撫膝嗟嘆而已：人命之賤，人情之薄，一至於此，復何言哉？

途中，至少亦有三五次，遙見浮尸逐波而至，水手遂以長竿阻之勿近，思收其骸骨以葬之者，絕無一人。蓋咸信一對此所謂「水大棒」之浮尸，稍表憐憫，即必觸水鬼之怒，定將興風作浪，必至船覆人溺而後已。余以爲見死不救，行同禽獸，而猶靦顏嘵嘵，自以爲是者，直豕犬不如矣。今日言之，猶覺憤然。

八十五、三人墮馬疑案

有濱田君者，余稔之逾十載矣，謀面雖稀，而友情頗洽。蓋彼以長袖善舞，久居江南，所交結者恒當朝顯要；而余則懸壺糊口，不預國家大事，亦不介入政壇是非。是故，「河水不犯井水」，濱田君遂於余無所戒備，遇則盡歡，談則言所欲言，每以當世之秘辛見告。余雖姑妄聽之，孰謂事後竟其應若响，且多屬幕後插曲，殊不足爲外人道者。

「冀察特殊化」醞釀方殷之際，此君突以身患絕症聞，遂萬念俱灰，洗手不再問凡間事，更盡售其所有，買棹東歸，不復作返華計矣。行前嘗爲北國之遊，與諸舊識一訣，余宴之於豐澤園，席未終而彼已醺醺然，或乃「酒入愁腸」所然歟？

既醉之後，乃更口若懸河，言及當世秘聞，如數家珍，而余亦大飽耳福矣。

宴後，余邀之來舍，車過中南海門前時，濱田君忽詢余曰：

「曩聞故都一公安局長，曾於此一帶懸有小木牌曰：『騎者慢行，謹防墮馬！』此事果確否？」

余沉思曰：「昔日似曾見之，今已不知其去向矣！」

濱田君莞爾而笑曰：「此一公安局長，苟非極善做官者，即爲一位老實人，乃信中南海門前墮馬而死者，盡係騎術欠精之故耳。」

余聞而心動，請聞其詳，濱田君曰：

「君憶長城之戰乎？當時，何應欽以軍政部長之尊，銜命北來，爲『軍分會』之主人，而該分會組織既無定章，職權更欠分明；人浮於事，叠床架屋，更屬餘事。即以參謀長一職而論，同時見於報章者，即有三人之多。或謂熊斌，或謂黃紹雄，或謂王倫。

其實，熊係以參謀本部之身份，出長何氏幕僚；黃則由蔣手令，以內政部長兼任『參謀團團長』；王則實爲何之股肱，晝夜隨節於中南海內，實爲三傑中，眞正握有實權之一人。

日軍既據密雲，前鋒直接平郊，三十萬華軍，且戰且走，頗有繞城而過之勢。是時，何之左右，甚至黃郛與張羣之流，均力主立訂城下之盟，庶免塗炭，或竟迅速遠引，一走了之。而王倫獨持異議，堅欲屯軍都下，決一死戰，且欲立調全部炮兵，包圍東交民巷，饗以排炮，令其內之外使外僑，悉數與日人同歸於盡；藉以使外邦遷怒於日軍之迫我太甚，致遭此池魚之殃也。

聞其言者，皆駭然失措，力斥爲妄，而何爲城下盟之志亦立決。塘沽協定旣成，王雖未獲譴，而意殊憤憤，每謂『豎子不足與謀，苟納吾言。斷不致有今日也。』未幾，遂以淸晨墮馬暴斃於中南海前，喧傳故都矣。

王夙嗜騎射，每晨必策馬奔馳於中南海內，逾一小時始罷。遇難之日，突有一汽車，高速猛馳於馬後，且長鳴車笛不休，馬不能耐，乃驚馳如狂。倉卒間王亦墮鞍，而足猶在蹬，拖曳而行數十武後，已面目殘破，腦漿塗地矣。

肇事之車，自無踪跡。而論者或謂王之慘死，乃日人報復之舉。或謂有人慮其使氣僨事，恐貽日方他日以口實，遂斷然出此一舉。

逾二三年，財孔有上海『公館秘書』鐵健生者，精幹而剛直，疾宵小如仇。公館中人，咸側視之。而鐵復屢以『淸君側』爲言，苦諫於「部座」之前，而終不聽，反遭內外之忌；乃興擇木而棲之志，藉返里省親爲由，偕其妻北上，欲附李思浩，更不復作南歸計。

第其牢騷滿腹，更值氣盛，遂於言談間，屢有『昏君』之詆，更於相國府第之臟跡醜聞，亦言必有盡，未加避諱，令聞者頗有頓開茅塞之感。

鐵亦酷嗜馳馬，居停上海時，亦每晨必一試身手。既居故都有頃，此嗜復熾，遂每晨馳馬如故。一日行及中南海前，突有汽車狂奔於其後，且奔且鳴長笛，馬驚而狂，鐵遂死於蹄下，一若當日王倫之暴卒也。

鐵故後未久，又有『進德社』中人物呂志伊者，中南海前墮馬之事。

呂是時年近六十，而以出身北洋講武堂故，頗有廉頗之風，健飯善騎，一若壯年。以與遠在江南之合肥有舊，步武遂漸唯金陵之馬首是瞻，頗不為『進德社』內若干中堅所諒，而尤為蕭仙閣、潘毓桂輩之眼中釘。

華北風雲日緊，呂氏南向之志亦愈堅，而尤對蕭之所為，深惡痛絕。嘗於進德社中，笑詢二十九軍諸將領曰：

君等知『洞簫』二字之典故乎？此蓋與貴軍及冀察局勢，均大有關係也。

衆聞而異之，問其故。呂曰：

二十九軍，衆志成城，冀察天下，眞一鐵桶江山也。所惜者，鐵桶上有一洞耳，故能予敵以可乘之機。

古聖先賢蓋已早見於此，遂以『洞蕭』之名，促我警省。是則『有洞必爲蕭，有蕭必有洞』也！

蕭振瀛聞而大恚，亦無如之何。有頃，人忽爭傳呂於寓所中，設有秘密電台，與南方互通消息。當局既未動聲色，謠遂不久而息。

未幾，此一善駕之老軍人，亦突然於清晨試馬之際，墮斃於中南海前，蹄踐腦裂而死。

有此三人之暴卒，坊間遂知：中南海前，實爲一不祥之地。而熱心公益之公安局長，遂不憚煩冗，遍掛木牌，以警來者也。」

濱田君語竟，余爲之愕然若失者久之。余雖不識王倫，猶憶其暴斃後一日，管翼賢私語余曰：

「人言王乃日方所殺，唯余頗疑之。今炮轟之議，早成過去。日方於二十九軍尚致懷柔，更何患於一無兵無勇之王倫乎？奈何非置其於死地不可？」

余亦以爲然。次日，報章爭載：王之侍妾，以懷孕之身，已仰藥殉之於靈前矣。

鐵健生其人，余亦有一面之雅，頗覺其風度器宇，均不類「財神」之夾袋人物。余友丁春膏，在政界以爲官狷介著稱，與鐵頗有惺惺相惜之感。鐵北來後，迭爲丁府上賓，余亦於丁處得識其賢伉儷。鐵夫人患糖尿症頗重，而久婚不孕，故失歡於翁姑，拒其返里。鐵以妻故，未能晨昏定省者，已數載矣。鐵夫人望子心切，席間曾屢詢余：糖尿病亦可爲受孕之障碍乎？是後，幷曾兩顧余之診所，倩余處方以除此無後之憂。

鐵暴卒後，而兩老悲痛欲絕，遷怒於其媳之「尅夫絕後」，電囑移櫬歸葬，而拒伊伴靈返里，櫬未發，鐵夫人已自盡於靈前。

王鐵二人之下場，旣雷同若是；其夫人之殺身以殉，亦如出一轍。世事之奇，竟有如是者！

鐵之死，識者咸惜其持正不阿，竟遭天妒。丁春膏尤深感慨，而其激濁揚清之志，遂亦愈堅。彼雖從未明言其心境，偶亦慨然謂余曰：

「人間正氣，豈能以一殺字，鋤而去之？死者無言，奈何悠悠衆口乎？」

自余聞濱田君之言，乃疑此三者先後之死於中南海前，雖非巧合，亦恐絕非偶然也。

八十六、張宗昌之死

余又聞諸濱田君云：政壇中人，死而成謎者，又豈僅有故都一地爲然？張宗昌與張葦村之殂擊於濟南，即其一例也。

韓復榘於中原大戰之後，一蹴而爲「三齊王」，睥睨華北，莫可一世。而器小易盈，未幾即令當道深感尾大不掉。是時也，膠州尚有劉珍年者，擁兵自固，與韓遙遙分庭抗禮。劉部悉屬張宗昌與褚玉璞之舊日殘兵，北伐時，曾直隸於蔣之下，又與方振武、徐源泉等有舊，故遂爲運籌帷幄者內定爲「制韓，去韓，代韓」之人。相傳當時任就地聯絡者，即爲山東省委張葦村。

劉興兵討韓後，韓復榘懍於「前門拒狼，後門進虎」之訓，堅拒當道「派兵助勦」之議，緊守邊境，不令「客軍」越雷池一步。

據濱田君云：是時，劉韓二將均力圖取得國外奧援。劉之幕中，有一老資格之「中國通」，名藤木其人者，爲之任一切聯絡；韓所得之助力則更大更多。是故，姑無論劉韓爭雄，鹿死誰手？當道是否能於三齊貫徹其政令？雖尚成一疑問，而「山東明朗化」之有進無退，日趨順利，則可必也。

劉部雖善戰而衆寡懸殊過甚，遙爲呼應之「客軍」，又不得其門而入，無法收前後夾攻之效。於是，節節失利，反爲韓所逐。當道既按兵未動於前，自不便倉促赴援於後；山東境內，遂盡爲韓一人之天下。

是時，張葦村在濟南之一切幕後活動，已盡爲韓所悉。未幾，張遂有於鬧市中遇狙殞命之事。

張案既發，報界所傳不一，各持一端，或謂張乃藍衣社人物，故爲日方所殺。或謂張實親日派，故遭仇日份子毒手。或謂張陰主獨立，故爲當道所忌，乃遣人除之。或謂張之被害，疑與桃色事件有關。而獨於張或可能爲韓所殺之說，則絕無人提及一語。警方雖照例緝兇，稍後即不了了之矣。自是，韓自知已不容於當道，雙方非僅貌合神離，實已圖窮匕見，惟欠正式翻臉。此所以韓雖有大功於當道，而當道對關係一向淡如水之二十九軍，倚重與支持，反遠較對韓爲深也。

人言：韓對外使外僑，出語夙稱愼重，力求不着邊際。張楊兵變後一二日，華北各省動盪均烈，關心政治之日方特殊人物，急欲與當地政要交換意見，自屬意中之事。殊此際韓竟突作「不能已於言」之狀，喟然謂來訪之日本駐濟南武官曰：「說句眞的，當年要不是有第三路軍，在津浦線上，替他一頂一拉；後來哪裡還會有他的天下？那也就不會落到今天這個下塲啦！」

韓之恃功而驕，目無餘子也如此。

濱田君又告余曰：濟南有武林洋行者，爲一純日資之皮革發賣商，營業甚佳已有年矣。張宗昌遇刺前後，其經理爲五反田君，漢語極爲流利，和善慷慨，特喜交遊；官府中亦到處逢源，大受歡迎。山東省政府參議鄭繼成，即其酒友之一，常相偕買醉，不醉無歸。見者或與之娓娓而談者，多不知其爲日人也。

一日，鄭忽來武林洋行，邀五反田君同往小酌，而意氣怏怏，若有所失。五反田怪而問之，鄭曰：

「張宗昌於吾，有殺父之仇，今張已來魯，而主席待之若上賓。吾曾面謁主席，請將張逮捕法辦，爲父伸冤。主席反斥我胡塗曰：他是我下請帖請來的客人，招待還來不及呢？豈有找他麻煩的道理？」

五反田君乃以溫言慰之，不外乎「寃家宜解不宜結」，「善惡到頭終有報」之類。鄭之色亦漸霽，惟嘆息曰：

「人死交情滅，今日似已無人再念我父袍澤之情矣！」

當日，二人飲至爛醉始休。

不一二日，日本武官室之友人，偶語五反田曰：

「日本謠言甚盛，頗多不利於張宗昌者。君在民間，亦有所聞乎？」

五反田甚慮鄭繼成報仇心切，鋌而走險，事敗時定遭囹圄之災。旣屬朋友，焉可袖手旁觀？遂急往鄭寓，邀其出外同飲，百方慰藉之。宴畢，復作明日竟日之約。如是者數日於茲。

一日，二人買醉於趵突泉畔，盤桓已半日矣。鄭之老僕一人突至，匆匆告鄭曰：「省政府已兩遣專差來家，請老爺立即入府議事，並謂此乃十萬火急，主席正在小花廳立等，毋得稍有延遲云。」

鄭聞此言，當即隨僕而去。五反田亦自歸其寓所，鵠候鄭來有所銓釋；至夜而鄭仍音息杳然。

次日，報紙滿載張宗昌車站遇刺之訊，而開槍者，則為竟日與彼對酌之鄭繼成也。按之報章記載，張宗昌飲彈之際，五反田適與鄭猜拳行令，且食且飲，未嘗片刻分離。而鄭隨僕以去之時，又幾在張斃命二小時之後，縱生雙翼，亦斷不克神速若是！

自是，鄭即以「自首凶犯」之身份，入獄候審。五反田君為避嫌計，亦未往探視，惟以身所經歷，與報章所載，鄭君所供，世間所聞，竟大相逕庭若是！靜夜自思，幾疑目睹之事或皆夜來幻夢也。

五反田君與濱田君素稔，遂馳書相告，聊供茶餘酒後之資；從而亦知報紙與史書之不可盡信也。

據濱田君云：消息一向靈通者，曾語之曰：張之返魯訪舊，實遭韓之大忌。故主使殺張之人，自係呼之欲出，毋庸詞費。而動手之人，則傳為張樹聲轉懇王若瑟所遣。

史地傳記類　PC0331

謙廬隨筆
——日本名醫眼中的民國人物復刻典藏本

原　　著 / 矢原謙吉
主　　編 / 蔡登山
責任編輯 / 陳佳怡
圖文排版 / 楊家齊
封面設計 / 陳佩蓉

發 行 人 / 宋政坤
法律顧問 / 毛國樑　律師
出版發行 / 秀威資訊科技股份有限公司
114台北市內湖區瑞光路76巷65號1樓
電話：+886-2-2796-3638　傳真：+886-2-2796-1377
http://www.showwe.com.tw
劃撥帳號 / 19563868　戶名：秀威資訊科技股份有限公司
讀者服務信箱：service@showwe.com.tw
展售門市 / 國家書店（松江門市）
104台北市中山區松江路209號1樓
電話：+886-2-2518-0207　傳真：+886-2-2518-0778
網路訂購 / 秀威網路書店：http://www.bodbooks.com.tw
國家網路書店：http://www.govbooks.com.tw

2014年4月BOD一版
定價：290元

國家圖書館出版品預行編目

謙廬隨筆：日本名醫眼中的民國人物復刻典藏本 / 矢原謙吉著. -- 一版. -- 臺北市：秀威資訊科技, 2014.04
面； 公分. -- (史地傳記類)
BOD版
ISBN 978-986-326-133-9 (平裝)

1. 傳記 2. 通俗作品 3. 中國

782.18　　102011237

讀者回函卡

感謝您購買本書，為提升服務品質，請填妥以下資料，將讀者回函卡直接寄回或傳真本公司，收到您的寶貴意見後，我們會收藏記錄及檢討，謝謝！
如您需要了解本公司最新出版書目、購書優惠或企劃活動，歡迎您上網查詢或下載相關資料：http:// www.showwe.com.tw

您購買的書名：________________________________

出生日期：________年________月________日

學歷：□高中(含)以下　□大專　□研究所(含)以上

職業：□製造業　□金融業　□資訊業　□軍警　□傳播業　□自由業
　　□服務業　□公務員　□教職　□學生　□家管　□其它_____

購書地點：□網路書店　□實體書店　□書展　□郵購　□贈閱　□其他

您從何得知本書的消息？

□網路書店　□實體書店　□網路搜尋　□電子報　□書訊　□雜誌
□傳播媒體　□親友推薦　□網站推薦　□部落格　□其他__________

您對本書的評價：(請填代號　1.非常滿意　2.滿意　3.尚可　4.再改進)

封面設計____　版面編排____　內容____　文／譯筆____　價格____

讀完書後您覺得：

□很有收穫　□有收穫　□收穫不多　□沒收穫

對我們的建議：________________________________

____

____

____

請貼
郵票

11466
台北市內湖區瑞光路 76 巷 65 號 1 樓
秀威資訊科技股份有限公司 收
BOD 數位出版事業部

（請沿線對折寄回，謝謝！）

姓　名：＿＿＿＿＿＿＿＿ 年齡：＿＿＿＿ 性別：□女　□男

郵遞區號：□□□□□

地　址：＿＿＿＿＿＿＿＿＿＿＿＿＿＿＿＿

聯絡電話：(日)＿＿＿＿＿＿＿＿ (夜)＿＿＿＿＿＿＿＿

E-mail：＿＿＿＿＿＿＿＿＿＿＿＿＿＿＿＿